Heike Blume & Jörg Blume

BEZIEHUNGS-WEISE – BEZIEHUNGS-REICH

Erfolgreiches Beziehungsmanagement in Beruf und Privatleben

Ausführliche Informationen zu weiteren Büchern aus dem Bereich Kommunikation sowie zu jedem unserer lieferbaren und geplanten Bücher finden Sie im
Internet unter www.junfermann.de – mit ausführlichem Infotainment-Angebot
zum **JUNFERMANN**-Programm … mit Newsletter und Original-Seiten-Blick …

Besuchen Sie auch unsere e-Publishing-Plattform www.active-books.de – mitt-
lerweile rund 300 Titel im Angebot, mit zahlreichen kostenlosen e-Books zum
Kennenlernen dieser innovativen Publikationsmöglichkeit.

Übrigens: Unsere e-Books können Sie leicht auf Ihre Festplatte herunterladen!

Eine Auswahl von e-Books bei www.active-books.de:

Pásztor, Susann: „Eine Sprache des Lebens" (kostenlos)
Rückerl, Thomas: „Trainieren Sie Ihre Sinnliche Intelligenz" (kostenlos)
Lenk, Wolfgang: „Heilungsstrategien des Jesus von Nazareth aus NLP-Sicht"
(kostenlos)
Birkenbihl, Vera F.: „Was Sie über Metaphern und Stories wissen sollten"
(kostenlos)
Weiss, Martin: „Quest – Online-Seminar" (€ 59,00)
Besser-Siegmund, Cora: „Die sanfte Schmerztherapie" (€10,00)
Betz, Roland: „Zuhör-Profi werden: Was heißt zuhören können?" (€ 3,00)
Birkenbihl, Vera F.: „Einen anderen Kopf aufsetzen?" (€ 2,50)

Heike Blume & Jörg Blume

BEZIEHUNGS-WEISE BEZIEHUNGS-REICH

**Erfolgreiches Beziehungsmanagement
in Beruf und Privatleben**

Junfermann Verlag · Paderborn
2005

Copyright © Junfermannsche Verlagsbuchhandlung, Paderborn 2003
2. Auflage 2005
Covergestaltung: Werner Müller, unter Verwendung eines Fotos von photonica/Johner
Textillustrationen: Thomas Pagel
Autorenfoto auf Backcover: Janine Guldener

Satz: JUNFERMANN Druck & Service, Paderborn

Bibliographische Information der Deutschen Bibliothek
Die Deutsche Bibliothek verzeichnet diese Publikation in der Deutschen Nationalbibliografie;
detaillierte bibliografische Daten sind im Internet über http://dnb.ddb.de abrufbar.

ISBN 3-87387-533-0

Inhalt

Vorwort

Die Idee zu einem Buch über Beziehungsmanagement entstand bei der Arbeit in unseren Trainings. Die Teilnehmer fragten nach Publikationen, die unser Seminarmaterial ergänzen und mit dem sie das Gelernte vertiefen könnten. Zwar gibt es einige sehr gute Bücher zum Thema – doch unseren besonderen Ansatz, nämlich Beziehungsmanagement als eine effektive Form des Selbstmanagements und des mentalen Trainings zu verstehen, fanden wir so konsequent und klar in keiner anderen Quelle. So kam es dazu, dass wir uns dafür entschieden, selbst das aufzuschreiben, wovon wir glauben, dass es außer unseren Trainingteilnehmern noch einer großen Zahl anderer Interessierter bei ihrem Beziehungsmanagement von großem Wert sein wird.

Unser Dank gilt den Menschen, von denen wir in den zurückliegenden Jahren wichtige Impulse erhielten. Vor allem bei Dr. Gerhard Bittner und Dr. Gunther Schmidt lernten wir Vieles, das uns wertvolle Anstöße und Anregungen für unser Leben und unsere Arbeit gab.

Für die redaktionelle Unterstützung unserer Arbeit an diesem Buch danken wir unserem Freund, Berater und Trainer Martin Brüning. Die Illustrationen zeichnete unser Freund Thomas Pagel. Beide haben mit ihren Ideen dafür gesorgt, dass dies ein ebenso aufschlussreiches wie kurzweiliges Buch geworden ist.

Danken möchten wir schließlich Herrn Gottfried Probst und dem Junfermann Verlag für die gute Zusammenarbeit auf dem Weg vom Manuskript zur Publikation.

Rottach-Egern, im Dezember 2002
Heike Blume & *Jörg Blume*

Einleitung

Gute Beziehungen stehen im Mittelpunkt des Lebens, denn der Mensch ist ein soziales Wesen. Nutzen Sie diese Chance!

Menschen sind soziale Wesen. Dies formulierte der griechische Philosoph Aristoteles schon im 4. Jahrhundert vor Christi Geburt. Aristoteles prägte den Begriff des zoon politikon: „Der Mensch ist von Natur aus ein geselliges Wesen." Menschen gründen Familien und soziale Gemeinschaften, Dörfer, Städte, ja sogar ihr Staatswesen nicht zufällig, sondern weil es notwendig zu ihrer Natur gehört. Menschen leben also ihrer Natur nach mit und in sozialen Beziehungen. Anders ausgedrückt: Soziale Beziehungen sind die Grundlage unseres Lebens.

Dies ist bis heute so: In der Partnerschaft und in der Familie, im Kreis von Freunden und Bekannten, im Verein, am Arbeitsplatz und beim Kundenbesuch – stets befinden wir uns in einem vielfältigen Zusammenhang von zwischenmenschlichen Beziehungen.

Unsere Beziehungen zu anderen Menschen im Privatleben und im Beruf positiv zu gestalten, ist deshalb der Schlüssel zu Zufriedenheit, Glück und Erfolg. Ist uns das immer bewusst und verhalten wir uns danach? Erkennen und nutzen wir die Chancen, die in diesem Wissen um die herausragende Bedeutung des Beziehungsmanagements liegen?

Dieses Buch hilft Ihnen dabei, positives Beziehungsmanagement als Möglichkeit zur Steigerung Ihrer Lebensqualität und Ihres beruflichen Erfolgs zu verstehen. Zugleich liefert es im Praxisteil konkrete Beispiele und Methoden, mit denen Sie Ihr Beziehungsmanagement nachhaltig verbessern.

Die wichtigsten Instrumente zum Aufbau und zur Pflege dauerhaft guter Beziehungen sind die bewusste Steuerung Ihrer Wahrnehmung, Ihres Denkens und Ihrer Emotionen. Das Ziel ist eine positive innere Einstellung zu sich selbst und zu anderen Menschen. Denn jeder Gedanke hat Wirkung, und innere Einstellung erzeugt Ausstrahlung, bestimmt unser Verhalten und unseren Ausdruck. So spüren Menschen intuitiv, ob Sie ihnen mit wirklicher Wertschätzung und positiver Grundeinstellung begegnen oder sie lediglich nach konventionellen Regeln der Beziehungspflege behandeln.

Deshalb braucht erfolgreiches Beziehungsmanagement mehr als die Anwendung eingeübter rhetorischer und körpersprachlicher Verhaltensweisen. Vielmehr kommt es darauf an, durch innere Selbststeuerung, durch Wahrnehmungs-, Gedanken- und Emotionsmanagement bei Ihnen selbst die Grundlagen erfolgreicher Beziehungen zu schaffen.

„BEZIEHUNGS-WEISE" und „BEZIEHUNGS-REICH" zu sein, ist das Ziel. Auf dem Weg dorthin brauchen Sie nur zweierlei: Optimismus und Spaß daran, das Gelesene im täglichen Leben zu üben und einzusetzen.

Optimismus

Eine optimistische Grundeinstellung bedeutet nicht, alles und jeden durch eine rosarote Brille zu betrachten. Der Optimismus, den wir meinen, ist vielmehr ein auf Lösungen und Chancen ausgerichtetes Denken und Handeln.

Nach Lösungen zu suchen und an Chancen zu glauben, ist eine positive Grundhaltung, die jeder von uns in sich trägt. Wir brauchen diesen Optimismus nur zu seinem Recht kommen zu lassen. Positive Erfahrungen, die Sie zum Beispiel sammeln, wenn Sie die Übungen dieses Buches in Ihrem Beruf oder Ihrem Privatleben anwenden, werden Ihren Optimismus stärken und Sie einen Schritt voran bringen.

Dieser optimistischen Einstellung zur Welt liegt die Überzeugung zugrunde, dass Menschen es selbst in der Hand haben, ihr Verhalten, ihren Umgang mit Menschen und damit ihre sozialen Beziehungen positiv zu gestalten. Es ist also ein Menschenbild, das Selbstbestimmung und Selbstverantwortung in den Mittelpunkt stellt.

Vielleicht fällt Ihnen beim Lesen dieser Zeilen ein, dass Ihnen schon manches Mal Menschen begegneten, die sich Ihnen gegenüber negativ verhielten. Arbeitskollegen vielleicht, die Ihnen das Leben schwer machten, oder Kunden, die sich Ihnen gegenüber abwertend verhielten. Wahrscheinlich haben Sie sich geärgert oder sich sogar verletzt gefühlt. Können Sie in solchen oder ähnlichen Situationen dann überhaupt zu einer positiven Beziehung beitragen? Ist nicht der andere verantwortlich für die schlechte Beziehung? Es ist unsere feste Überzeugung, die durch die Erfahrungen unserer Seminarteilnehmer immer wieder bestätigt wird, dass jeder Mensch prinzipiell die Möglichkeit hat, die Qualität seiner sozialen Beziehungen positiv zu beeinflussen.

Allerdings: Erfolgreiches Beziehungsmanagement heißt auch, dass Sie sich selbst darüber im Klaren sind, ob Sie überhaupt Energien für den Aufbau einer positiven Beziehung einsetzen wollen. Doch wenn Sie diese Frage mit Ja beantworten, gibt Ihnen dieses Buch eine Reihe von Methoden und Techniken in die Hand, Ihre Ziele zu erreichen.

Erfolgreiche Beziehungsmanager sind Kenner und Könner

Die Methoden und Techniken, die wir Ihnen im Praxisteil dieses Buches präsentieren, haben wir in unseren Seminaren vielfach erprobt. Sie sind leicht verständlich, und viele Menschen wenden sie mit Erfolg an.

Bitte bedenken Sie dabei, dass das bloße Kennen und Verstehen des positiven Beziehungsmanagements in Theorie und Praxis allein noch nicht zum Erfolg führt. So wie beim Schachspiel die Kenntnis der Figuren, Regeln und Strategien noch keinen Großmeister macht, braucht auch das erfolgreiche Beziehungsmanagement mehr als das Verständnis der theoretischen und praktischen Grundlagen. Kennen bedeutet noch nicht automatisch Können.

Ebenso wissen Spitzensportler, die schon einmal Höchstleistungen und Rekorde erzielt haben, dass sie sich auf dem Erreichten nicht ausruhen können. Sie müssen weiterhin täglich trainieren, um ihr hohes Leistungsniveau zu erhalten.

Deshalb gilt auch für das erfolgreiche Beziehungsmanagement: Übung, regelmäßiges Training und schließlich die Ritualisierung des Gelernten sind von entscheidender Bedeutung, wenn Sie es zum festen Bestandteil Ihres beruflichen und privaten Lebens machen möchten.

Zum Umgang mit dem Buch

Lesen ist eine Tätigkeit, bei der sich die meisten Menschen sehr individuelle Eigenarten angewöhnt haben. Tatsächlich gibt es Menschen, die erst den Schluss eines Buches lesen, bevor sie die Muße haben, von vorn zu beginnen. Andere beherrschen Schnell-Lesetechniken und prägen sich Worte wie Bilder ein. Natürlich gibt es auch den Daumenkino-Leser, der ein Buch mehrmals schnell durchblättert, dann bei einigen Kapiteln hängen bleibt und einzelne Passagen liest, bevor er sich dem ganzen Buch widmet.

In diesem Buch haben wir grundlegendes Wissen und praktische Übungen so miteinander verbunden, dass den größten Nutzen bei der Lektüre derjenige hat, der es - ganz klassisch - von vorne nach hinten ließt. Denn im ersten Teil schildern wir die Grundlagen des erfolgreichen Beziehungsmanagements: Funktionsmodelle unseres Gehirns, Emotions- und Motivations-Modelle sowie innere und äußere Abläufe der Informationsverarbeitung.

Darauf bauen die Praxisbeispiele des zweiten Teils auf, der zudem mit zahlreichen Erläuterungen von Methoden und Techniken sowie Übungen versehen ist. Die Steuerung der inneren und äußeren Wahrnehmung, das Gedanken- und Emotionsmanagement sowie die Verbesserung der Sprachqualität stehen dabei im Mittelpunkt.

Im dritten Teil zum Schluss des Buches finden Sie schließlich einen zusammenfassenden Selbst-Coaching-Kurs mit 24 Schritten für ein erfolgreiches Miteinander in Beruf und Privatleben sowie einen Test, mit dem Sie Ihr persönliches Beziehungsmanagement-Profil bestimmen können.

Weil wir ein wirkliches Arbeitsbuch schaffen wollten, das im Privat- und Berufsleben einsetzbar ist, haben wir uns dafür entschieden, seinen Umfang so gering wie möglich zu halten. Denn auch die äußere Form des Buches: Umfang, Gewicht und Format, sollten es dem Leser leicht machen, es überall mithin zu nehmen, um es immer und überall für sich zu nutzen.

Wer sich darüber hinaus für die theoretischen Grundlagen dieses Buches interessiert und Lust hat, mehr zu den hier behandelten Themen zu erfahren, dem bieten wir im Anhang eine Zusammenstellung weiterführender Literatur an.

GRUNDLAGEN

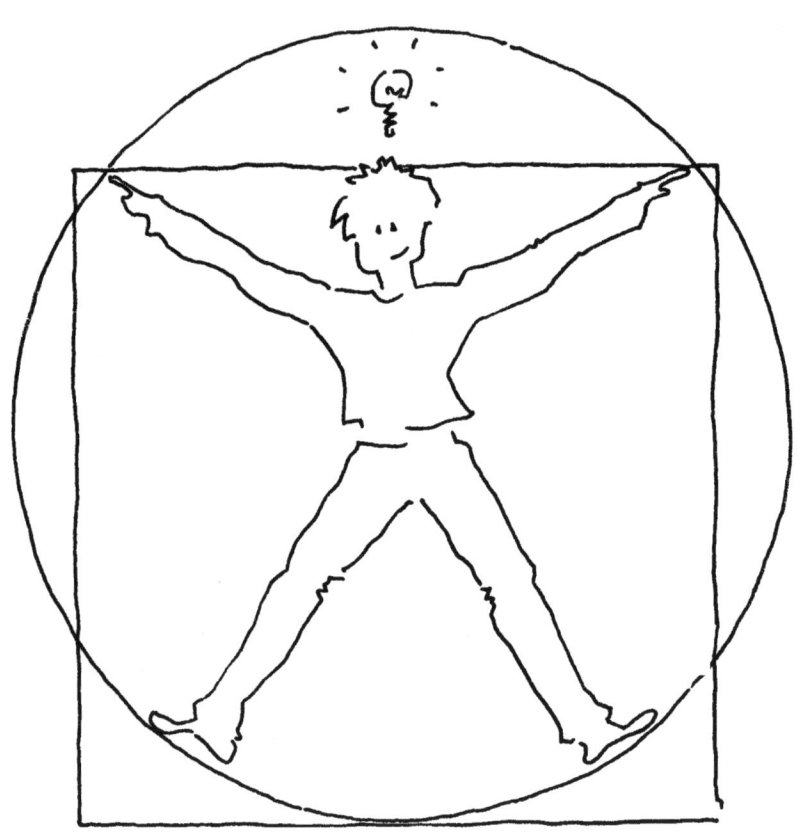

Alles beginnt im Kopf: Die Modelle des dreigeteilten und zweigeteilten Gehirns

Die Ziele dieses Kapitels und der Nutzen für Ihr Beziehungsmanagement

Sie lernen zwei grundlegende Modelle des Gehirns kennen: das dreigeteilte und zweigeteilte Gehirn. Die Kenntnisse der Gehirnfunktionen dienen als Voraussetzung dafür, besser zu verstehen, was in Ihnen selbst und in anderen Menschen vorgeht, wenn Sie wahrnehmen, denken, fühlen und handeln.

Das nutzt Ihnen dabei, Ihr gedankliches und emotionales Selbstmanagement als Grundlage des Beziehungsmanagements zu begreifen.

Das Modell des dreigeteilten Gehirns

Der amerikanische Gehirnforscher Paul McLean schuf bei seinen grundlegenden Arbeiten zur Hirnentwicklung in Lebewesen das Modell des dreigeteilten Gehirns. Nach McLean besteht unser Gehirn funktional betrachtet aus drei Teilen, die sich im Laufe der menschlichen Entwicklung wie drei Schichten übereinander legten.

Der älteste Teil dieses komplexen Gebildes ist der Hirnstamm (Reptiliengehirn). Er entwickelte sich vor etwa 500 Millionen Jahren und ist hauptsächlich für die Steuerung des Herzschlags, des Blutdrucks, der Atmung, für unsere Immunfunktionen und die Muskulatur in Flucht oder Kampfsituationen verantwortlich.

Vor zirka 200 Millionen Jahren bildete sich das über dem Hirnstamm liegende Zwischenhirn (Limbisches System) aus. Es ist der Teil unseres Gehirns in dem Gefühle „gemacht" werden: Freude, Ärger, Zuneigung, Abneigung etc. Im Zusammenspiel mit unserem Großhirn (Neocortex), dem vor rund 50 Millionen Jahren entstandenen jüngsten Teil unseres Gehirn, befähigt uns das Zwischenhirn dazu, äußere Eindrücke und In-

Auch Gefühle werden im Gehirn „gemacht"

formationen mit Erfahrungen und Erinnerungen zu verbinden. Denn das Zwischenhirn verbindet Emotionen und Gedächtnis.

Dabei dient das Großhirn nicht nur als Speicher unserer Erlebnisse und Erfahrungen, also als Gedächtnis, das einer großen Bibliothek vergleichbar ist. Sondern das Großhirn ist unter anderem auch für unser logisches Denken, für das Lösen mathematischer Aufgaben, für unsere Sprachfähigkeit, für das Denken in Bildern und für unser Abstraktionsvermögen verantwortlich. Es ermöglicht uns reflektierendes und analysierendes Denken und ist zugleich das Zentrum unseres Ich-Bewusstseins.

Das dreigeteilte Gehirn

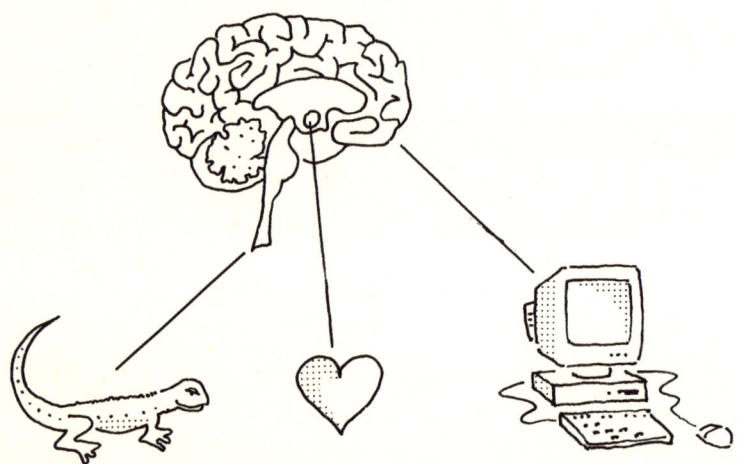

Erst im Zusammenspiel der drei Gehirnteile Stammhirn, Zwischenhirn und Großhirn entstehen die großen Fähigkeiten von Wahrnehmen, Fühlen und Denken, die wir täglich erleben. Mehr noch: Die jeweiligen Leistungen der einzelnen Gehirnteile wirken stets zusammen. Das Zusammenwirken von Wahrnehmen, Denken und Fühlen funktioniert normalerweise unwillkürlich. Mit diesem Buch werden Sie nun lernen, wie Sie es beeinflussen und für ein gutes Beziehungsmanagement nutzen können.

Das Modell des zweigeteilten Gehirns

Am California Institute of Technology machte der amerikanische Wissenschaftler Robert W. Sperry Ende der 1970er Jahre eine weitreichende Entdeckung, für den er 1981 den Medizin-Nobelpreis erhielt: Sperry stellte die

Theorie auf, dass die beiden Hälften des menschlichen Großhirns – linke und rechte Großhirnhemisphäre – grundverschiedene Funktionen übernehmen. Verbunden durch eine große „Datenautobahn" aus Neuronenfortsätzen, das so genannte Corpus callosum, funktionieren die beiden Großhirnhälften in der Regel im Zusammenspiel. Sie können aber auch getrennt voneinander arbeiten. Das haben Tests mit Menschen erwiesen, die sich zur erfolgreichen Behandlung schwerer Epilepsien das Corpus callosum von Medizinern durchtrennen ließen.

Großhirn-hemisphären: Getrennt oder gemeinsam ist ein großer Unterschied

Die linke und rechte Großhirnhemisphäre

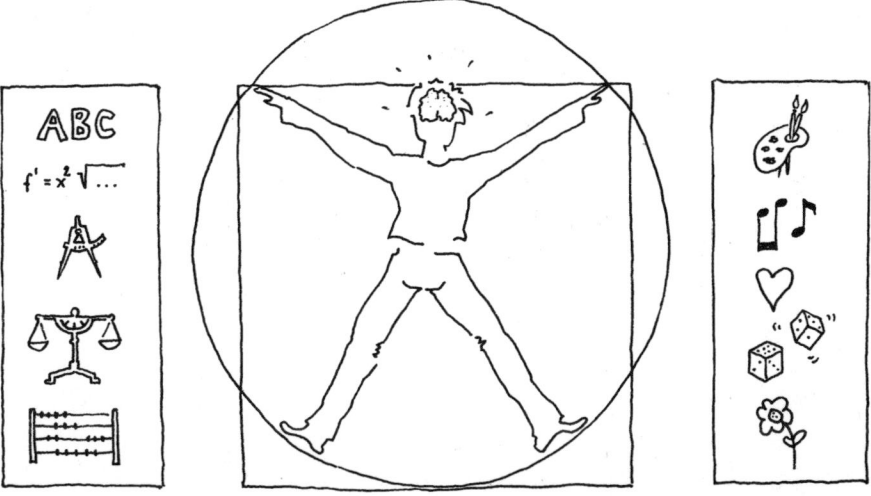

Nach eingehenden Untersuchungen ordneten Sperry und seine Kollegen den beiden Gehirnhälften folgende Funktionen bzw. Eigenschaften zu:

Linke Hälfte	Rechte Hälfte
Logik, Struktur, Ordnung, Ratio, Analyse, Sprache, Zahlen, Mathematik, Details, Fakten, Reihenfolgen	Fantasie, Chaos, Ganzheit, Synthese, Musik, Rhythmus, Formen, Farben, räumliche Vorstellung, Muster, Kunst
digital, linear, kontrollierend, bewertend, schwarz-weiß	unvernünftig, analog, vernetzt, spontan, intuitiv, ganzheitlich

Sperrys Modell des zweigeteilten Gehirns wurde in den letzten 20 Jahren kontinuierlich weiter entwickelt. Auch Einschränkungen mussten gemacht werden zum Beispiel dahingehend, dass dieses Modell in erster Linie für rechtshändige Menschen des westlichen Kulturkreises zutrifft. Linkshänder haben offensichtlich eine andere Funktionsverteilung zwischen ihren beiden Großhirnhälften. Ebenso gelang es einigen Wissenschaftlern, einzelnen Hemisphären besonders spezialisierte Funktionen zuzuordnen und auf diese Weise Sperrys Modell weiter zu verfeinern.

Wichtig ist jedoch festzuhalten, dass jeder Mensch über sämtliche Fähigkeiten seiner beiden Großhirnhälften verfügt und sie trainieren kann. Noch wichtiger: Erst durch die Nutzung beider Gehirnhälften entwickeln wir den ganzen Reichtum unserer Potenziale und Fähigkeiten. Später – im Kapitel zu Formeln und Zielvisualisierungen – zeigen wir Ihnen, warum beispielsweise die Fähigkeit zur Visualisierung in unserer rechten Großhirnhälfte so wichtig und für die Erreichung unserer Ziele entscheidend ist.

Nur wer beide Gehirnhälften nutzt, erreicht seine volle Leistungsfähigkeit

Außerdem lässt uns das Modell des zweigeteilten Gehirns verstehen, warum Menschen zum Beispiel Aufgaben und Herausforderungen auf unterschiedlichste Weise bewältigen; weshalb der eine seine Aufgaben zunächst genau analysiert und einen detaillierten Ablaufplan erstellt, bevor er zu Werke geht, während ein anderer einfach mit der Arbeit beginnt und mit viel Fantasie und Intuition weitermacht: Jeder Mensch benutzt zwar beide Gehirnhälften – doch in unterschiedlich starkem Maße, so dass wir in einer groben Unterscheidung tatsächlich zwei Typen von Menschen identifizieren können: „rechtslastige" und „linkslastige" Großhirnhälften-Benutzer.

Zwei Typen von „Großhirnhälften-Benutzern"

Diesen Unterschied gilt es auch im Umgang mit anderen Menschen und bei der Gestaltung von Beziehungen zu berücksichtigen. Sich auf die verschiedenen Großhirnhälften-Benutzer mit ihren verschiedenen Ausprägungen und „Vorlieben" einzustellen, gehört deshalb zu den besonderen Leistungen eines konstruktiven Beziehungsmanagements.

Auf einen Blick

- Das menschliche Gehirn lässt sich modellhaft als dreigeteiltes und zweigeteiltes Gehirn verstehen.

- Das Zusammenspiel der drei- bzw. zwei Gehirnhälften ist die Voraussetzung für die komplexen, ineinander greifenden Vorgänge des Wahrnehmens, Denkens, Fühlens und Handelns.

- Menschen sind nach dem Modell des zweigeteilten Gehirns eher „rechts-" oder „linkslastig". Auf die jeweiligen „Vorlieben" Ihrer Partner oder Kollegen können Sie sich im Beziehungsmanagement gezielt einstellen.

- Jeder Mensch verfügt über die Fähigkeiten und Potenziale beider Gehirnhälften.

Wie wir fühlen: Das Kontenmodell unserer Emotionen

Die Ziele dieses Kapitels und der Nutzen für Ihr Beziehungsmanagement

Den Emotionen anderer Menschen – und Ihren eigenen – Wertschätzung und Respekt entgegenzubringen, ist eine Voraussetzung dafür, Gefühle reflektiert zu steuern.

Emotionen sind ein wertvoller, sinnstiftender Teil Ihres Lebens und sorgen im Zusammenspiel mit dem Verstand für Ausgeglichenheit, Erfüllung und Zufriedenheit.

Mit dem Kontenmodell der Emotionen lernen Sie, innere emotionale Abläufe bei sich und anderen besser zu verstehen. Dieses Wissen nutzt Ihnen dabei, Ihr Emotionsmanagement effektiver zu machen und in Beziehungen zu anderen Menschen wirkungsvoll einzusetzen.

Der Wert unserer Emotionen

Emotionen und Leidenschaften sind das „Salz in der Suppe" unseres Lebens. Liebe und Freude erfüllen uns; Hoffnung treibt uns an; Verehrung und Respekt schaffen uns Ideale. Dennoch kennen wir auch die Schattenseiten der Emotionen: Ärger, Eifersucht, Furcht, Hass, Scham und Schuld, Verachtung und Verzweifelung.

Einige Menschen stehen ihren Gefühlen skeptisch gegenüber: Sind es nicht Leidenschaften und Emotionen, die der Vernunft im Wege stehen und den Verstand verhexen? Besonders ältere Theorien über Gefühle vermitteln häufig das Bild von energiegeladenen Leidenschaften, die sich explosiv entladen und die innere Balance eines Individuums durcheinander bringen. So verglich etwa Sigmund Freud die Gefühle 1915 in seiner

Bringen Gefühle die innere Balance durcheinander?

Schrift „*Das Unbewusste*" mit „Abfuhrvorgängen ..., deren letzte Äußerungen als Empfindungen wahrgenommen werden". Und der amerikanische Psychologe William James schrieb 1884 in einem Aufsatz „What is an Emotion": „Bei gewissen Menschen scheint die explosive Energie, mit der sie in kritischen Situationen ihre Leidenschaft äußern, daraus zu erwachsen, dass sie sich zwischenzeitlich aufgestaut hat. ... Die normale Ausdrucksweise des Sentimentalen ist der ‚Erguss'. Schließt man nun das entsprechende ‚Ventil', so wird das kaum zu mehr ‚Nüchternheit' führen, sondern eher zur Apathie. Unterdrückt man die Leidenschaften eines ‚schlummernden Vulkans' auf Dauer und finden sie keinen geeigneten Auslass, so werden sie irgendwann ganz erlöschen ...“

Freud und James dachten beide in Kategorien eines „hydraulischen Modells" (Robert C. Solomon) der Gefühle. Das heißt, sie begriffen Emotionen als triebhafte oder affektive Energien, die bis zu einem kritischen Punkt anwachsen und sich dann entladen – ganz so, wie ein Dampfkessel, in dem der Druck wächst und der entweder über ein Ventil geregelt wird oder explodiert. Beide glaubten, Gefühle naturwissenschaftlich durch die Neurologie erklären zu können, also durch das Wirken von Energien in Nervensystemen.

Die moderne Gehirnforschung versucht, wissenschaftlich bessere Erklärungen für das Entstehen und Wirken von Emotionen zu finden. Mehr noch: Gefühle gelten nicht mehr länger als negative Kräfte, die den Verstand hemmen, sondern als positive sinnstiftende Faktoren unseres Lebens. Das 1995 erschienene, weltbekannte Buch des amerikanischen Harvard-Professors Daniel Goleman *„Emotionale Intelligenz"* trug dazu entscheidend bei. Denn es belegt die für ein erfolgreiches und glückliches Leben wichtigen Funktionen unserer Emotionen. Der amerikanische Philosoph Robert C. Solomon sorgte schon Ende der 1970er Jahre mit seiner Publikation *„Gefühle und der Sinn des Lebens"* für Aufsehen. Seine These: In unseren Gefühlen verfolgen wir zielgerichtete Strategien, die den Sinn unseres Leben konstituieren. Deshalb sollten wir uns unsere Gefühle und ihren ungeheuren Reichtum bewusst machen. Dann können wir „vernünftig" mit ihnen umgehen und sie für unsere Ziele nutzen.

Emotionen geben dem Leben einen Sinn

Zudem gewinnen wir mit diesem neueren Verständnis der Emotionen, zu dem Solomon und Goleman beitrugen, auch größeren Respekt vor den Emotionen unserer Mitmenschen. Denn wir haben es auch bei anderen Menschen nicht mit emotionalen Ausbrüchen und Verwirrungen zu tun, sondern mit den für den jeweils Anderen sinnstiftenden Gefühlen und Leidenschaften. Wenn wir uns auf dieses Verständnis einlas-

Menschen brauchen emotionale Intelligenz im Umgang miteinander

sen und in diesem Sinne die Emotionen unserer Mitmenschen verstehen, gehen wir einen wichtigen Schritt auf dem Weg dahin, BEZIEHUNGS-WEISE zu werden: *Wir lernen Wertschätzung für die Gefühle anderer Menschen.*

Unsere Emotionen: Die Konten der positiven und negativen Emotionen

Im vorhergehenden Kapitel haben wir das funktionale Modell des dreigeteilten Gehirns beschrieben. Wichtig für das Verständnis des Zusammenwirkens der verschiedenen Gehirnschichten ist die Tatsache, dass Informationsaufnahme und Denken stets mit unseren Emotionen verbunden sind. Denn Zwischenhirn (Limbisches System) und Großhirn (Neocortex) sind durch neurale Bahnen miteinander verbunden. Konkret bedeutet das: Die von Auge, Ohr, Nase und anderen Sinnesorganen gesendeten Signale bewertet das Limbische System im Hinblick auf ihren emotionalen Gehalt. Zur Bewertung werden wiederum Erfahrungen als Vergleichsmaßstab herangezogen, die einerseits im Limbischen System als emotionale Erinnerungen und andererseits im Neocortex als Sachinformationen gespeichert sind.

Die Informationsverarbeitung im dreigeteilten Gehirn

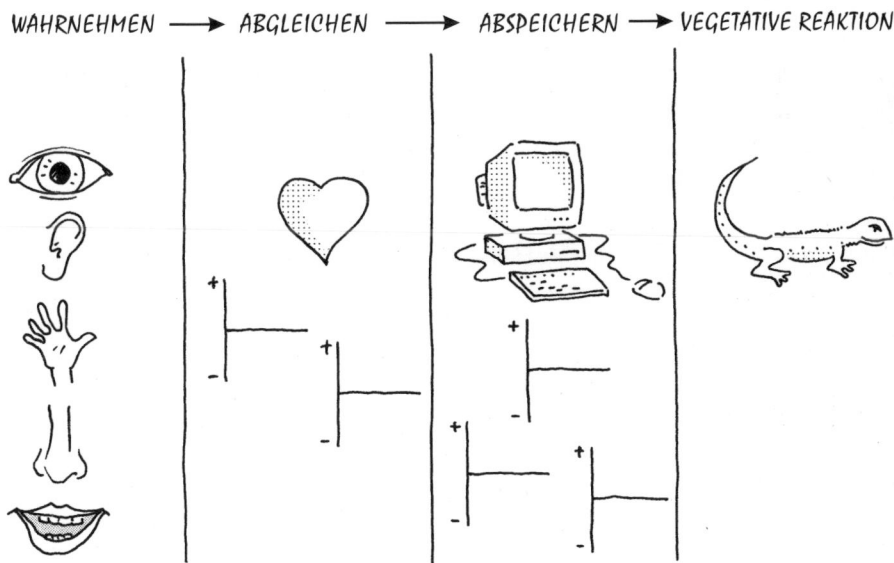

WAHRNEHMEN ⟶ ABGLEICHEN ⟶ ABSPEICHERN ⟶ VEGETATIVE REAKTION

Auf diese Weise entstehen Informationskonten mit positiven und negativen Buchungen. Und zu jeder Information (äußere Ereignisse: andere Menschen, Situationen, Eindrücke etc. und innere Erlebnisse: Erinnerungen etc.) wird automatisch eine Emotion abgerufen.

Informationen lösen Emotionen aus Sie kennen dies aus Ihrer Erfahrung: Sie haben spontan ein schlechtes Gefühl, wenn Sie einen Menschen sehen, mit dem Sie zum Beispiel am Arbeitsplatz schlechte Erfahrungen gemacht haben; oder der Geruch einer südländischen Speise erinnert Sie an einen schönen Urlaub in einem fremden Land, und sofort stellt sich ein positives Gefühl ein.

Jede Wahrnehmung wird also auf einem entsprechenden Informationskonto gespeichert, das wiederum emotional positive oder negative Buchungen aufweist.

Informationskonten mit positiven und negativen Buchungen

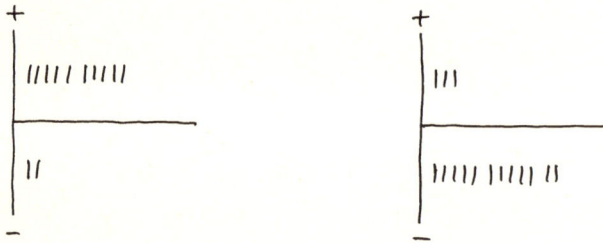

Es gehört übrigens zu den Besonderheiten des Menschen, dass wir in der Regel per saldo mehr negative als positive Buchungen auf unseren Informationskonten haben. Die einfache Erklärung dafür: Unser Gehirn entspricht in seinen Funktionen noch immer dem Entwicklungstand unserer steinzeitlichen Vorfahren, für die es überlebenswichtig war, auf Störungen, Gefahren und Probleme fokussiert zu sein. Deshalb richtet sich unsere unreflektierte, ungesteuerte Wahrnehmung vorwiegend auf Störungen und Probleme und nur zu einem kleineren Teil auf Positives.

Das „Steinzeitgehirn" war/ist auf Störungen fokussiert

Zu den Möglichkeiten der gezielten Wahrnehmungssteuerung erfahren Sie mehr in Kapitel 7 dieses Buches. An dieser Stelle nur soviel: Der Neocortex als „Manager unserer Emotionen" (Daniel Goleman) erlaubt es uns, unsere emotionalen Impulse „denkend", das heißt analysierend und planend zu steuern. Denn unsere ersten Bewertungen einer Situation, eines anderen Menschen oder eines Ereignisses mittels unserer Informationskonten bestimmen zwar unsere spontanen Emotionen, gegebenenfalls sogar unsere vegetativen Körperreaktionen – aber wir haben die Möglichkeit, durch unser Denken diesen Emotionen eine veränderte „Richtung" zu geben.

Auf einen Blick

- Emotionen geben unserem Leben im Zusammenspiel mit dem Verstand Sinnfülle und Richtung.
- Jede Information wird in unserem Gehirn mit einer Emotion verbunden und abgespeichert.
- Spontane Gefühle sind das Ergebnis eines Abgleichs unserer sinnlich vermittelten Eindrücke mit den Speicherkonten im Zwischen- und Großhirn.

Innere und äußere Abläufe der Wahrnehmung und Informationsverarbeitung: Das Selbstmanagement-Modell

Die Ziele dieses Kapitels und der Nutzen für Ihr Beziehungsmanagement

Grundlage für den Aufbau guter Beziehungen zu anderen Menschen ist Ihre persönliche Ausstrahlung. Deshalb lernen Sie in diesem Kapitel das Selbstmanagement-Modell kennen. Dieses Modell nutzt Ihnen dabei, Ihre inneren und äußeren Reaktionen beim Wahrnehmen, Denken, Fühlen und Handeln besser zu verstehen.

Die Anwendung des Selbstmanagement-Modells ermöglicht Ihnen die bewusste Selbststeuerung in allen Situationen und damit zugleich die Steuerung Ihrer persönlichen Ausstrahlung.

Die Wirkungen Ihrer Ausstrahlung erfahren Sie durch das Feedback, das Sie von anderen Menschen erhalten. Dies wird anhand eines Rückkopplungs-Modell erklärt.

Haben Sie schon einmal aufmerksam wahrgenommen, was in Ihnen vorgeht, wie Sie sich fühlen und verhalten, wenn Sie einen guten alten Freund wieder treffen? Vielleicht erinnern Sie sich jetzt an eine solche Situation und Ihnen fällt ein, wie Sie ihn voller Freude in den Arm nahmen oder seine Hand schüttelten. Möglicherweise kamen Ihnen positive Gedanken an gemeinsame Urlaube oder berufliche Erfolge in den Sinn. Eventuell ist Ihnen auch im Gedächtnis geblieben, was Sie fühlten, als Sie Ihren alten Freund wieder trafen: Wurden Sie nostalgisch, hatten Sie also eine unbehagliche, ja sogar schmerzhafte Sehnsucht nach vergangenen Zeiten oder kamen Ihnen Tränen des Glücks oder der Rührung?

Was passieren kann, wenn man einen alten Freund trifft ...

Im täglichen Leben beobachten wir nur selten unser Denken, Fühlen und Verhalten so genau. Wir freuen uns einfach, einen Freund zu treffen und sind ganz natürlich, so wie wir sind. In Bruchteilen von Sekunden verarbeitet unser Gehirn Sinneseindrücke, vergleicht sie mit früheren Erfahrungen und Erinnerungen, produziert Gedanken und Emotionen. Und wir handeln dann entsprechend, lachen, schütteln Hände, begrüßen und umarmen unseren Freund.

Dass unser Gehirn und unser Körper im kurzen Augenblick des Wiedersehens eine große Zahl sehr komplexer Funktionen ausführt, lassen wir normalerweise außer Acht.

Doch ein genauer Blick auf diese Abläufe lohnt sich. Sie verstehen dann besser, wo Sie ansetzen können, damit diese Abläufe nicht nur gleichsam automatisch geschehen, sondern bewusst von Ihnen gesteuert und für Ihr Beziehungsmanagement genutzt werden können.

Bleiben wir also noch einen Moment bei Ihrem alten Freund und dem Augenblick des Wiedersehens. Dabei lernen wir dann Schritt für Schritt das unten abgebildete Modell des Selbstmanagements kennen.

Das Selbstmanagement-Modell

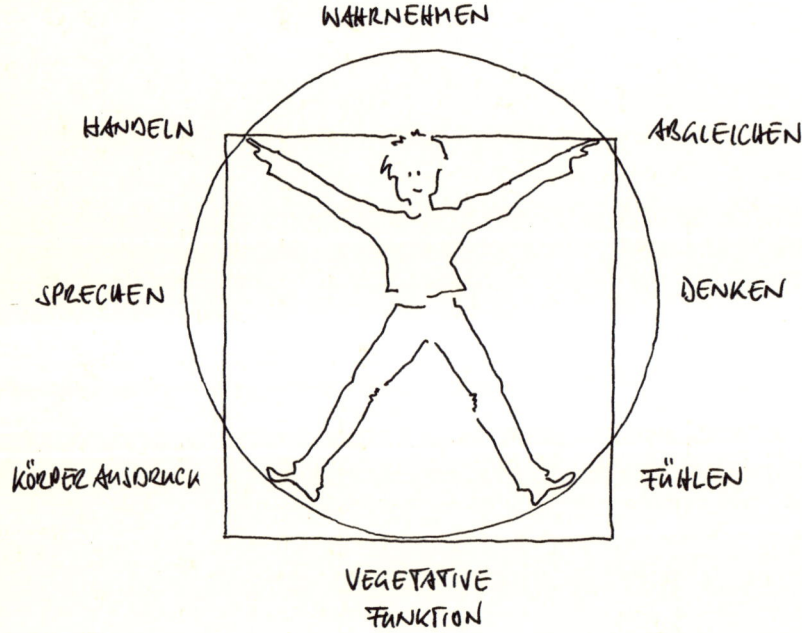

Die Innenseite: Wahrnehmen, Abgleichen, Denken, Fühlen und vegetative Reaktionen

Wahrnehmen

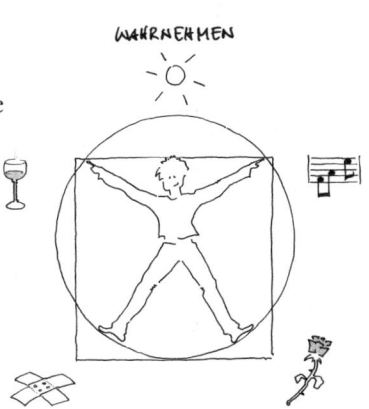

Gleich ob Ihnen Ihr Freund langsam aus der Ferne entgegenkommt oder plötzlich hinter der sich öffnenden Tür eines Aufzugs erscheint – Ihre Begegnung beginnt mit sinnlichen Wahrnehmungen. Sie sehen ihn; gegebenenfalls hören, riechen und berühren Sie ihn auch. Ihre fünf Sinnesorgane: Augen, Ohren, Haut, Nase und Mund, liefern dem Gehirn Sinneseindrücke, die dort abgeglichen werden.

Abgleichen

An den grundlegenden Funktionen unseres Gehirns hat sich in den letzten anderthalb Millionen Jahren nichts geändert. Deshalb läuft der Abgleich der Wahrnehmungsdaten im Gehirn immer noch so ab, wie bei unseren Vorfahren in der Steinzeit. Diese mussten, um unter den gefährlichen Bedingungen der Wildnis überleben zu können, auf Bedrohungen in Bruchteilen von Sekunden reagieren (siehe Kapitel 1: Das Modell des dreigeteilten Gehirns). Sinneseindrücke führten bei unseren Vorfahren ebenso wie bei Ihnen heute zu einem unmittelbaren Abgleich der Wahrnehmungsdaten mit den bereits im Gehirn angelegten Informationskonten. Dieser Abgleich des Wahrgenommenem mit den entsprechenden Konten lässt eine spontane gefühlsmäßige Bewertung zu: Freund oder Feind? Denn die Informationskonten sind durch die bisherigen Erfahrungen mit positiven und negativen Buchungen belegt, haben also einen insgesamt positiven oder negativen Saldo (siehe Kapitel 2: Die Konten der positiven und negativen Gefühle). Und dem jeweiligen Positiv- oder Negativ-Saldo entsprechend fallen die spontanen Reaktionen aus: Während der Anblick eines riesigen Mammuts dem Steinzeitmenschen also Furcht einflößte und Fluchtverhalten auslöste, dürfte Ihr Wiedersehen mit einem alten Freund zu großer Freude geführt haben.

In Bruchteilen von Sekunden: Abgleich mit positiven und negativen Gefühlskonten

Denken

DENKEN

Doch Ihr Gehirn kann noch mehr als nur blitzschnell abgleichen und zuordnen. Es ist zu der großartigen Leistung befähigt, die wir Denken nennen. Darunter verstehen wir unter anderem die Funktionen des Abstrahierens, Analysierens und Erinnerns. Ihr denkendes Gehirn liefert Ihnen also Gedanken, das heißt Bilder, Ideen oder Erinnerungen, die nun weiterverarbeitet werden.

Fühlen

Und sobald Ihr Gehirn den unmittelbaren und sehr einfachen Positiv-/Negativ-Abgleich mit Ihrem Denken in Verbindung bringt, gewinnen Ihre Emotionen eine neue Qualität. Die schmerzhafte Nostalgie beispielsweise, die Sie ganz lebendig in sich fühlen, wenn sich das Wiedersehen Ihres alten Freundes mit der sehnsüchtigen Erinnerung an frühere gemeinsame Erfolge verbinden, ist das direkte Ergebnis Ihres Denkens.

Die Qualität Ihrer Gefühle ist vom Denken bestimmt

FÜHLEN

Anders ausgedrückt: Ihr Denken ist entscheidend für die Qualität Ihrer Emotionen. Denn ob Sie beim Wiedersehen eines alten Freundes schmerzhafte Nostalgie oder freudigen Optimismus fühlen, hängt davon ab, wie Sie denken. Wenn Sie an frühere gemeinsame Erfolge denken und dadurch Ihren Blick der Vergangenheit zuwenden werden Sie sich wahrscheinlich nostalgisch fühlen. Denken Sie hingegen an mögliche zukünftige Aktivitäten und haben positive Erwartungen, fühlen Sie sich eher optimistisch.

Vegetative Reaktionen

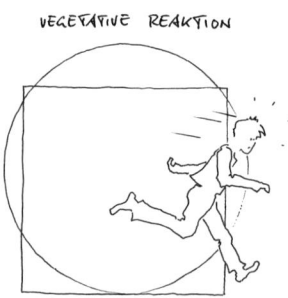

VEGETATIVE REAKTION

Auch in den Reaktionen Ihres vegetativen Nervensystems kommen Ihre Emotionen wie Freude oder Nostalgie direkt zum Ausdruck. Durch die vom vegetativen Nervensystem angeregte Ausschüttung von Hormonen

Wenn einem das Herz vor Freude schneller schlägt ...

wie Adrenalin erhöht sich Ihr Blutdruck. Ebenso kommt es zur Steigerung der Herz- und Atemfrequenz. Mitunter sind diese Reaktionen auch äußerlich wahrnehmbar. Das Erröten etwa ist ein Beispiel für eine vegetative Reaktion, die Ihr Gegenüber sofort bemerkt.

Die Außenseite: Körper- und Gesichtsausdruck, Sprechen und Handeln

Körper- und Gesichtsausdruck

War ein strahlendes Lächeln auf Ihrem Gesicht, als Sie Ihren Freund wieder trafen? Dafür waren zwei Muskeln im Bereich Ihres Mundes und Ihrer Augen verantwortlich. Als strahlend und freudig war Ihr Lächeln vor allem deshalb zu erkennen, weil auch Ihre Augen lächelten. Der dafür verantwortliche Muskel kann sich nur unwillkürlich zusammenziehen. Der für das Lächeln Ihres Mundes verantwortliche Muskel hingegen kann unwillkürlich oder willkürlich angeregt werden. Konkret bedeutet das: Ein „aufgesetztes" Lächeln wird immer – möglicherweise auch nur unterbewußt – als solches zu erkennen sein. Denn Ihre Augen lächeln ohne das Gefühl der Freude nicht mit, weil Sie den entsprechenden Muskel nicht willentlich zusammenziehen können.

Ein „aufgesetztes" Lächeln ist immer als solches zu erkennen

KÖRPERAUSDRUCK

Ihr Freund aber wird ohne Zweifel erkannt haben, dass Ihre Freude über seinen Anblick echt war.

Sprechen

Ähnlich verhält es sich mit Ihrem Sprechen. Wenn Sie aufgeregt sind, sprechen Sie automatisch in einer hörbar höheren Tonlage als in einem Zustand der Entspannung. Sogar Ihr Satzbau und Ihre Wortwahl verändern sich zum Positiven oder Negativen – je nachdem wie Sie sich fühlen. Emotionen beeinflussen Stimme und Ausdruck so sehr, dass Menschen, die im Zustand großen Glücks oder tiefer Niedergeschlagenheit auf ein Tonband gesprochen hatten, später beim Abhören der Aufnahmen ihre eigene Stimme nicht wiedererkannten.

SPRECHEN / HANDELN

Handeln

Sichtbarster Ausdruck Ihres Denkens und Fühlens ist selbstverständlich Ihr Handeln. Ganz spontan umarmen Sie Ihren Freund zur Begrüßung, laden ihn zu sich nach Hause ein und kochen für ihn. Können Sie sich vorstellen, dass Sie im Moment der Wiedersehensfreude plötzlich beginnen, in Ihrer Aktentasche nach der wichtigen Notiz zu suchen, die Ihnen Ihr Kollege am Vormittag mitgegeben hatte?

Handeln ist der sichtbarste Ausdruck Ihres Denkens und Fühlens

---

Auf einen Blick

● Ihr Denken ist entscheidend für die Qualität Ihrer Emotionen. Sie können selbst beeinflussen, ob das Wiedersehen eines alten Freundes in Ihnen eine schmerzhafte Sehnsucht nach vergangenen Zeiten oder freudigen Optimismus auslöst.

Die Rückkopplungen: Jeder Gedanke hat Wirkung, und Einstellung erzeugt Ausstrahlung

Die Grundlagen der inneren Selbststeuerung zu kennen, ist eine zentrale Voraussetzung dafür, sich selbst bewusster wahrzunehmen und die Qualität der eigenen Gefühle zu bestimmen. Durch die Selbststeuerung können wir zugleich direkt unsere Wirkung auf andere beeinflussen. Denn wenn es uns gelingt, durch unser Denken unsere Gefühle positiv zu gestalten, dann wirkt sich dies unmittelbar auf unsere Ausstrahlung aus: Positive Gedanken und Gefühle wirken auf unseren Körper- und Gesichtsausdruck, auf unsere Sprache und unser Handeln.

Positives Denken sieht man Ihnen an

Testen Sie bitte noch einmal an sich selbst, wie sich Ihre Gedanken auf Ihren Körper und Ihren Ausdruck auswirken. Bitte konzentrieren Sie sich und stellen Sie sich vor, wie Sie in eine sehr saure Zitrone beißen. Denken Sie daran wie der saure Saft in Ihrem Mund schmeckt. Spüren Sie, wie dabei Ihre Gesichtsmuskeln unwillkürlich in Bewegung geraten? Sie machen vermutlich ein etwas verkniffenes Gesicht, gerade so, als wollten Sie sagen: „Oh, wie schrecklich sauer; die Säure ist mir unangenehm."

Die Kinesiologie, die aus China stammende Lehre von der Bewegung, verfügt über verschiedene Methoden, die Wirkung von Gedanken und Gefühlen auf den eigenen Körper zu testen. Sehr bekannt ist beispielsweise der sogenannte „Deltamuskel-Test". Der Deltamuskel befindet sich jeweils am rechten und linken Oberarm und zieht sich über das Schultergelenk. Er ist verantwortlich für die vom Körper weg führenden Bewegungen des Arms. Beim Deltamuskel-Test wird ein Arm ausgestreckt und von einer zweiten Person getestet. Dabei drückt die zweite Person den waagerecht ausgestreckten Arm der Testperson ein bis zwei Sekunden

Der Delta-Muskeltest macht die Qualität von Gedanken und Gefühlen erkennbar

gleichmäßig Richtung Boden, während die Testperson versucht, diesem sanften Druck standzuhalten. Dies ist keineswegs eine Kraftübung, sondern lässt sehr schnell erkennen, dass die Qualität der Gedanken und Gefühle der Testperson entscheidend dafür ist, ob der Deltamuskel stark oder schwach ist. Bei angenehmen Gedanken und Gefühlen reagiert der Deltamuskel in der Regel stark, hält also dem Druck stand; bei unangenehmen Gedanken und Gefühlen ist er hingegen schwach. Denn negative Gedanken oder Gefühle entkräften den Körper unmittelbar.

Falls Sie den Deltamuskel-Test einmal mit einem Partner ausprobieren möchten, geben wir Ihnen dazu eine Praxis-Anleitung, die wir dem von Matthias Lesch und Gabrielle Förder geschriebenen Ratgeber *„Kinesiologie – Aus dem Stress in die Balance"* (2001) entnommen haben.

„ 1. Stehen Sie aufrecht und entspannt. Ihr rechter Arm hängt locker nach unten. Den linken Arm (der Testarm) halten Sie waagerecht ausgestreckt zur Seite, die linke Hand ist entspannt, die Handinnenfläche zeigt nach unten.

2. Ihr Partner stellt sich nun vor Sie, so dass er bequem seine linke Hand auf Ihre rechte Schulter legen kann – damit stabilisiert er Ihre Testhaltung. Für den Muskeltest legt er seine rechte Hand mit der Handinnenfläche locker auf Ihren ausgestreckten linken Unterarm, und zwar auf die Stelle gleich hinter Ihrem Handgelenk.

3. Mit dem Wort »Halten« bittet er Sie jetzt, Ihren Arm in der ausgestreckten Position zu halten, wobei er sofort nach dieser Aufforderung Ihren Arm ein bis zwei Sekunden lang leicht (!) und gleichmäßig, keineswegs ruckartig in Richtung Boden drückt. Sie versuchen, diesem Druck standzuhalten, indem Sie den Arm in der angegebenen Position halten.

Bitte beachten Sie: Bei diesem Muskeltest geht es nicht um Stärke. Dieser Muskeltest ist keine Kraftübung! Vielmehr sollten Sie und Ihr Testpartner ein Gespür dafür entwickeln, wann der getestete Muskeln »sperrt«, also dem Druck standhält, und wann er nachgibt."

Allerdings brauchen Sie nicht unbedingt einen Deltamuskel-Test zu machen, um unser Argument nachvollziehen zu können, dass jeder Gedanke Wirkung hat und Einstellung zugleich Ausstrahlung erzeugt. Denken Sie nur daran, wie Sie auf Ihre Umwelt wirken und was Sie ausstrahlen, wenn Sie frisch verliebt sind! Und umgekehrt: Wie wirken Sie auf Ihre Arbeitskollegen oder Ihren Partner, wenn Sie gerade von Ihrem Vorgesetzten einen schweren Rüffel bekommen haben?

Natürlich nehmen Sie diesen Zusammenhang von Denken und Fühlen einerseits und Ausstrahlung andererseits auch bei anderen Menschen wahr. Wenn ein Bekannter oder Arbeitskollege den Raum betritt, sehen und spüren Sie im Normalfall sofort, ob es diesem Menschen momentan gut geht oder ob er niedergeschlagen ist. Seine Körperhaltung, sein Gesichtsausdruck und seine Stimme sprechen Bände.

Sie entscheiden selbst über Ihre Ausstrahlung Die Erfahrung, dass jeder Gedanke Wirkung hat und Einstellung zugleich Ausstrahlung erzeugt, hat wichtige Konsequenzen für ein erfolgreiches Beziehungsmanagement. Denn schließlich können Sie mittels der inneren Selbststeuerung bestimmen, wie Sie auf andere Menschen wirken. Anders ausgedrückt: Sie entscheiden selbst wie Sie wirken möchten.

Selbstmanagement und Beziehungsmanagement I

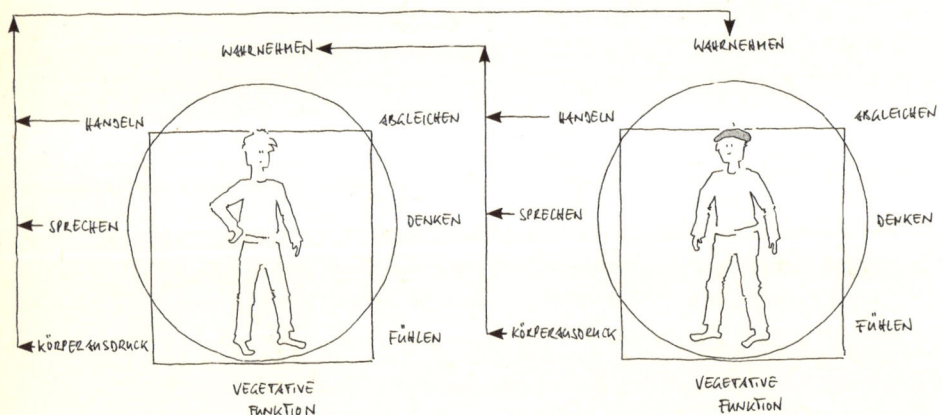

Die Abbildung verdeutlicht noch einmal diese Rückkopplungen zwischen Ihrem Selbstmanagement und der Wahrnehmung Ihrer Person durch andere Menschen.

Zudem können Sie bei Ihrer inneren Selbststeuerung eine bewusste Entscheidung darüber treffen, ob Sie eine positive Beziehung zu einem anderen Menschen aufbauen wollen oder nicht. Dies zeigt Ihnen noch einmal die folgende Abbildung.

Selbstmanagement und Beziehungsmanagement II

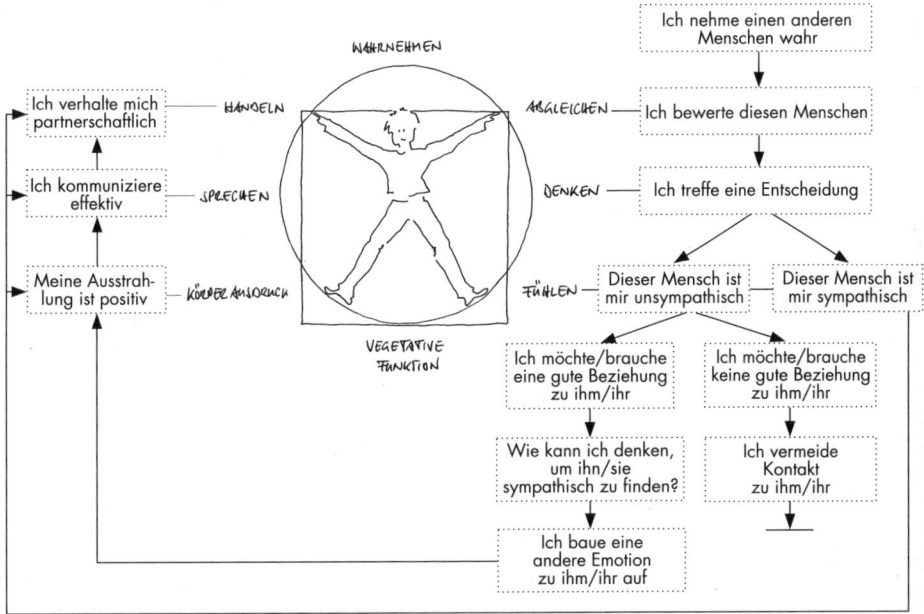

Auf einen Blick

- Innere Selbststeuerung ermöglicht die Beeinflussung unserer Gefühle durch unsere Gedanken.
- Deshalb können wir direkt die Qualität unserer Gefühle bestimmen.
- Denken und Fühlen bestimmen unsere Ausstrahlung, weil sie sich auf unseren Körperausdruck, unsere Sprache und unser Handeln auswirken.
- Unsere Einstellungen und damit unsere Ausstrahlung ist ein zentrales Element des Beziehungsmanagements.
- Positiv von anderen wahrgenommen zu werden, ist die Voraussetzung dafür, bei anderen positive Gedanken und Gefühle zu erzeugen. Es entstehen so für das Beziehungsmanagement positive Rückkopplungen.
- Wir treffen eine freie Entscheidung darüber, wie wir auf andere Menschen wirken möchten.

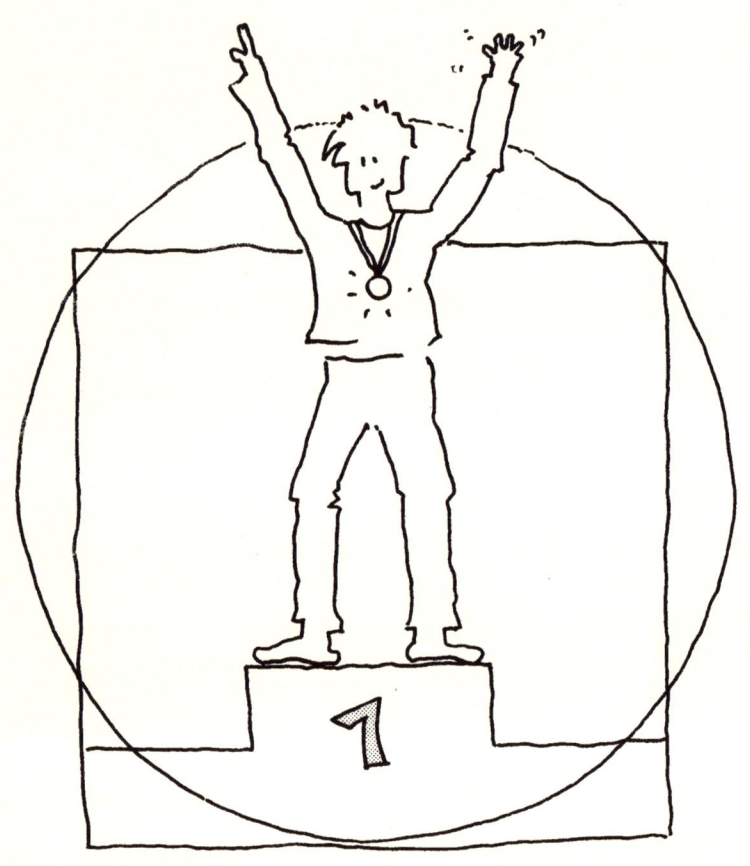

Was wir wollen:
Ein Modell der Motivation

**Die Ziele dieses Kapitels und der Nutzen
für Ihr Beziehungsmanagement**

Sie lernen ein grundlegendes Motivationsmodell kennen, das Ihnen verständlich
macht, warum Aufwertung und Wertschätzung Ihrer Mitmenschen zu den wichtigsten Elementen eines effektiven Beziehungsmanagements gehören.

Das nutzt Ihnen dabei, die Antriebe und Leidenschaften anderer Menschen besser
zu verstehen – und auch die Quellen Ihrer eigenen Motivation genauer zu analysieren.

Unsere Motivation: Das Streben nach Anerkennung und Selbstbestimmung

Der Psychologe Alfred Adler, ein Mitarbeiter Sigmund Freuds, entwickelte in
seinen individualpsychologischen Arbeiten ein komplexes Modell der Motivation, das er vor allem auf die frühkindliche und kindliche Entwicklung zu-
rückführte. Vereinfachend lassen sich die Ergebnisse seiner Arbeit – ergänzt
um neuere Erkenntnisse der Motivationsforschung – folgendermaßen beschreiben: Alle Menschen streben in ihrem Leben nach Anerkennung und
Selbstbestimmung und versuchen, Abwertung und Ohnmacht zu vermeiden.
Anders ausgedrückt: Alles was wir tun dient diesen „Göttern", lenkt und steuert unser Tun. Und wenn wir uns im Zwiespalt zwischen Ratio und Emotion
befinden, sind es immer diese emotionalen Motivatoren, die unser Denken
und Handeln bestimmen.

Ein Modell der Motivation

Was lenkt und steuert unser Tun?

Ohnmacht Kontrollverlust	**Selbstbestimmung Einfluss**
Abwertung Geringschätzung	**Anerkennung Wertschätzung**

vermeiden   erreichen

Hier schließt sich der Kreis zwischen Emotion und Motivation. Der bereits erwähnte amerikanische Philosoph Robert C. Solomon hat diesen Zusammenhang treffend beschrieben: *„Jedes Gefühl ist eine rein subjektive Strategie, die eigene Würde und Selbstachtung zu steigern. ... Kurz, die Strategien der Gefühle dienen der Selbstachtung, und ihre internen Strukturen müssen ebenso wie ihre Ausdrucksbemühungen in jedem einzelnen Fall als Mittel und Taktiken verstanden werden, das Selbstwertgefühl zu steigern, indem alles zum eigenen Vorteil aufgeboten wird, was greifbar ist."*

Lebensstile und Einstellungen variieren – unsere grundlegenden Motivatoren bleiben gleich

Unsere individuellen Lebensstile – einschließlich unserer Selbstbilder, unsere Einstellungen zu anderen Menschen und zur Welt insgesamt – mögen variieren. Aber im Kern geht es uns stets darum, anerkannt und selbstbestimmt zu sein. Welche konkreten Formen dies annimmt, ob wir etwa einen Schwerpunkt auf unser berufliches oder unser Privatleben legen, hängt von vielfältigen individuellen Faktoren ab. Aber im Letzten sind sich alle Menschen insofern gleich, als Anerkennung und Selbstbestimmung ihre wichtigsten Motivatoren sind.

Diese Erkenntnis mag einfach klingen. Für ein erfolgreiches Beziehungsmanagement jedoch ist sie eine zentrale Grundlage. Denn wenn wir dieses Modell der Motivation kennen und akzeptieren, dass alle Menschen – so individuell sie auch sein mögen – entsprechend handeln und sich verhalten, haben wir den Schlüssel dazu gefunden, anderen Menschen positive Gefühle zu vermitteln. Wir selber versetzen uns dadurch in die Lage, in den Köpfen unserer Mitmenschen auf den entsprechenden Informationskonten positiv gebucht zu werden.

Klingt das zu abstrakt? Einfache Beispiele machen die Sache anschaulich. Wurden Sie schon einmal im Kreise von Arbeitskollegen oder in Ihrer Familie heftig kritisiert – für eine Meinung oder eine Tat? Können Sie sich daran erinnern, dass Sie jemals spontan etwa so reagierten: „Danke für die Kritik! Ja sicher, natürlich war mein Verhalten/meine Aussage töricht und ich hätte das sicher nicht bemerkt, wenn ihr es mir nicht in aller Deutlichkeit gesagt hättet"? Wahrscheinlich schütteln Sie jetzt

Auf abwertende Kritik reagieren Menschen mit Ablehnung

den Kopf. Denn natürlich reagieren Sie und Ihre Mitmenschen spontan nicht so. Der Grund dafür ist einfach: Kritik an unserer Person oder an unserem Handeln nehmen wir als Abwertung wahr. Das führt automatisch zu negativen Gefühlen; wir fühlen uns unwohl, möglicherweise verletzt. Eventuell sind Sie nach einer ersten spontanen Abwehr der Kritik zu einem späteren Zeitpunkt und nach längerem Nachdenken zu dem Schluss gekommen, dass Ihre Kritiker doch an dem ein oder anderen Punkt Recht hatten. Und vielleicht konnten Sie dann doch noch die richtigen Schlüsse ziehen. Vermutlich haben Sie aber eine Menge Energie darauf verwendet, die Kritik an Ihnen zunächst abzuwehren.

Gibt es eine Möglichkeit Kritik zu üben, ohne den Gesprächspartner abzuwerten? Mehr dazu finden Sie in Kapitel 11 dieses Buches.

Auf einen Blick

- Menschen schöpfen ihre Motivation daraus, Anerkennung und Selbstbestimmung zu erreichen und Abwertung und Ohnmacht zu vermeiden.
- Es existiert ein enger Zusammenhang zwischen Motivation und Emotionen: „Jedes Gefühl ist eine rein subjektive Strategie, die eigene Würde und Selbstachtung zu steigern." (John C. Solomon)
- Im Zweifel siegt die Emotion über die Ratio.
- Die Aufwertung Ihrer Mitmenschen ist ein Schlüssel zum Aufbau dauerhaft guter Beziehungen.

Die Welt existiert in Ihrem Kopf und in allen anderen Köpfen: Das Modell der konstruktivistischen Weltsicht

---

**Die Ziele dieses Kapitels und der Nutzen
für Ihr Beziehungsmanagement**

In diesem Kapitel erfahren Sie, warum verschiedenen Menschen die selben Sinnesdaten (Bilder, Düfte, Geräusche, auch Ereignisse und Situationen etc.) ganz unterschiedlich wahrnehmen und bewerten.

Dies nutzt Ihnen dabei, besser zu verstehen, dass die Welt nur „in unseren Köpfen" existiert. Diese Einsicht ermöglicht es Ihnen, mehr Respekt und Wertschätzung für die verschiedenen Wahrnehmungen und Weltsichten anderer Menschen zu entwickeln.

Ihre Beziehungen zu anderen Menschen können Sie auf dieser Grundlage unvoreingenommener, offener und intensiver gestalten.

Haben Sie vielleicht schon einmal folgende Situation erlebt? Ein Paar besucht die Feier eines guten Bekannten. Während der Gastgeber sie an der Wohnungstür begrüßt, ist im Wohnzimmer die Party schon im Gange. Musik und die Stimmen der Gäste sind zu hören, lautes Lachen dringt bis in den Flur, Gäste prosten sich zu und Gläser klingen. Während der Gastgeber den beiden Neuankömmlingen die Garderobe abnimmt, nehmen sie und er im Flur dieselben Geräusche der Party im Wohnzimmer wahr.

„Herrlich, wie lebhaft und ausgelassen sich das anhört", denkt sie bei sich. „Die Stimmung ist prima, das wird ein netter Abend."

„Ach, du meine Güte, das ist ja ein Lärm schon hier im Flur", denkt er. „Bestimmt ist es viel zu voll und zu laut da im Wohnzimmer – kein vernünftiges Wort wird man wechseln können."

„Gute Stimmung hier", sagt sie im Vorbeigehen zu ihm. Und er erwidert: „Na ja, ein bisschen laut vielleicht."

Lärm oder gute Stimmung? Verschiedene Wahrnehmungen der selben Situation Solche verschiedenen Wahrnehmungen ein und der selben Situation sind alltäglich. Wir erleben Sie zusammen mit Freunden, Arbeitskollegen oder dem Lebensgefährten immer wieder: Ein und das selbe Geräusch, ein und das selbe Bild, ein und der selbe Duft – und zugleich ganz unterschiedliche Wahrnehmungen und Bewertungen.

Ist die Welt „da draußen", die Welt die wir wahrnehmen und erleben, für uns alle ein und die selbe? Ist es wirklich die „eine" Welt mit realen Tatsachen und eindeutigen Naturgesetzen? Wie würden wir dann die verschiedenen, ja sogar gegensätzlichen Wahrnehmungen erklären können?

Wahrnehmungsfilter und Kopf-Landkarten

Warum nahm sie – in der oben beschriebenen Situation – die Geräusche im Flur als positive Hinweise auf gute Stimmung und Ausgelassenheit wahr, während er nur Lärm und zu viele Gäste entdeckte? Eigentlich müsste man davon ausgehen, dass das Paar in unserem Beispiel beim Betreten der Feier die gleichen Sinneseindrücke hatte. Die Modalitäten ihrer fünf Sinne: Sehen (visuell), Hören (auditiv), Berühren/Fühlen (kinästhetisch), Riechen (olfaktorisch) und Schmecken (gustatorisch) waren vermutlich mit dem selben „Material" konfrontiert: der selbe Hausflur, die selben Stimmen im Wohnzimmer, das selbe Lachen und das selbe Klingen der Gläser. Dennoch stellten sich in ihren Köpfen verschiedene Bilder, Gedanken und Gefühle ein.

Erklärbar werden solche unterschiedlichen Repräsentationen der Wirklichkeit durch die verschiedenen „Filter", die zwischen der sinnlichen Wahrnehmung und dem Denken existieren. Eine Vielfalt von
● Annahmen,
● Einstellungen,
● Erfahrungen,
● Glaubenssätzen,
● Interessen,

- kulturellen Prägungen,
- Selbstwertgefühlen und
- Werten

existiert in den Köpfen der Menschen und filtert die unendliche Fülle von sinnlichen Reizen und Eindrücken, die in jedem Moment auf uns einströmen.

Ohne diese Filter und ohne ihre regulierende Wirkung wären wir einer Reizüberflutung ausgesetzt, die unser Gehirn nicht verarbeiten könnte. Deshalb sind diese Filter geradezu lebensnotwendig, weil sie einerseits aus der Fülle der Sinnesdaten eine Auswahl treffen und andererseits unserem Denken und Fühlen eine „Richtung" geben.

Wahrnehmungsfilter haben regulierende Wirkung

Vielleicht fühlt sich bei unserem Paar die Frau im Kreise vieler Menschen besonders wohl, schätzt den abwechslungsreichen und leichten „Small Talk" als unterhaltsame Abwechslung von ihrer anspruchsvollen Berufstätigkeit, mag flotte Pop-Musik und tanzt auch gerne. Ihr Partner hingegen bevorzugt ernsthafte Gespräche mit einzelnen interessanten Menschen, fühlt sich in großen Runden eher unsicher und verbringt Partys am liebsten bei einem guten Glas Wein auf der Couch des Gastgebers. So entstehen aus diesen verschiedenen Einstellungen und Vorlieben, die als Filter ihrer Wahrnehmung funktionieren, unterschiedlichste Gedanken und Gefühle.

Dies geschieht nicht nur im Kleinen, also an der Eingangstür des Party-Gastgebers, sondern genauso im Großen: Die Filter in unserem Kopf lassen Modelle der Welt entstehen, die unsere Weltanschauung, unseren Glauben, unseren Umgang mit anderen Menschen, unsere Vorlieben und Abneigungen bestimmen.

Vergleichen wir die Welt einmal mit einer großen, vielfältigen und für einen einzelnen Menschen unübersehbaren Landschaft. Diese Landschaft ist wirklich und existiert für alle Menschen in gleicher Weise. Doch was in unserem Kopf als Landschaft abgebildet ist, entspricht nur einer Repräsentation dieser Landschaft. Anders ausgedrückt: Wir haben eine Landkarte im Kopf, aber nicht die ganze Landschaft als solche. Und die Form dieser Landkarte wiederum ist abhängig von unseren Wahrnehmungsfiltern.

Die Landkarte im Kopf ist nicht die ganze Landschaft

Wahrnehmungsfilter und Kopf-Landkarten

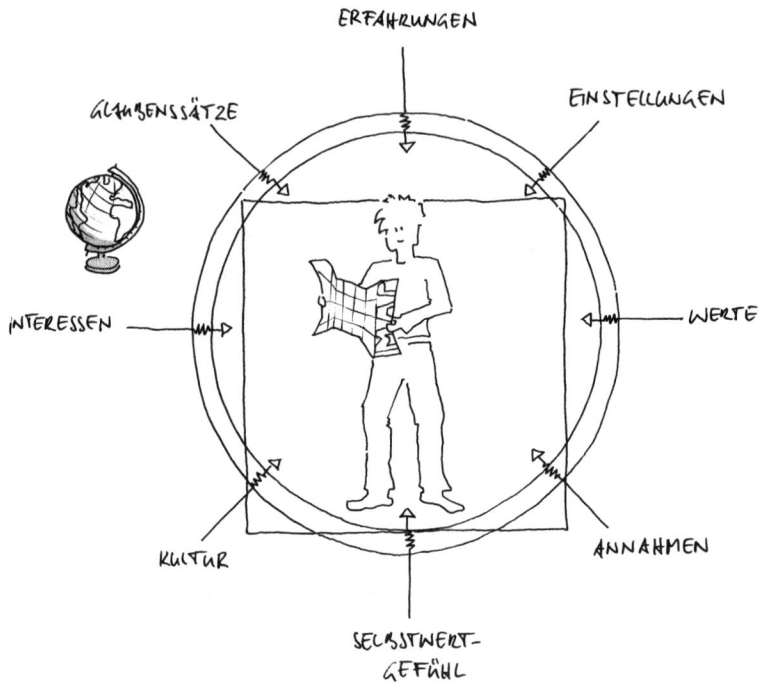

Die innere Welt, unsere Kopf-Landkarte, zu erkennen und sie nicht mit der Welt, der Landschaft, als solcher zu verwechseln, ist ein wichtiges Ziel der Persönlichkeitsentwicklung und des erfolgreichen Beziehungsmanagements. Denn in der Regel sind uns die Filter nicht wirklich bewusst, und die Repräsentation der Welt in unserem Kopf halten wir für die Welt selbst. Dies kann aber gerade im Umgang mit anderen Menschen, in sozialen Beziehungen jeder Art zu Schwierigkeiten und Konflikten führen. Denn ebenso wie wir unsere individuelle Wirklichkeit mittels Filter konstruieren, schaffen sich andere Menschen eine andere individuelle Wirklichkeit in ihrem Kopf. Ein und die selbe Situation, ein und das selbe Ereignis können auf diese Weise unterschiedlich verstanden oder interpretiert werden. Und das Konfliktpotential ist umso größer, je entschiedener Menschen ihre jeweilige Interpretation als die alleinig richtige annehmen und verteidigen.

Wer sich der Filter bewusst ist, erkennt die Welt besser

Konstruktivistische Weltsicht

Gegen das oben beschriebene konstruktivistische Modell einer Wirklichkeit, die als individuelle, subjektive Landkarte nur in unseren Köpfen existiert, könnte man einwenden, dass dies zu einer völligen Beliebigkeit der Weltanschauungen, Werte, Normen und Regeln führt. Wie kann man – wenn doch die Welt in jedem einzelnen von uns verschieden existiert – noch von Objektivität sprechen? Und bedeutet diese Weltsicht, bei der wir „unsere" Wirklichkeit in unseren Köpfen konstruieren, dass wir zwischen Richtig und Falsch, Gut und Böse nicht mehr unterscheiden können?

Wie wirklich ist die Wirklichkeit?

Einwände dieser Art sind schwerwiegend, lassen sich aber entkräften. Denn erstens ist das von den Naturwissenschaften seit Isaac Newton geprägte Ideal der Objektivität im letzten Jahrhundert von den Naturwissenschaften selbst in Frage gestellt worden. Unter anderem haben Albert Einsteins Relativitätstheorien und Karl. R. Poppers Untersuchungen über die Methoden des wissenschaftlichen Arbeitens entscheidend dazu beigetragen, dass die objektive Wirklichkeit „ins Rutschen" geraten ist.

Popper etwa plädierte dafür, eine wissenschaftliche Erkenntnis – sei es eine sozialwissenschaftliche Theorie oder ein naturwissenschaftliches Gesetz – nur so lange als „wahr" und „gültig" zu akzeptieren, wie sie nicht widerlegt wurde. Das klassische Beispiel dafür: Es galt als wahr und wirklich, dass alle Schwäne weiß seien – bis Forscher erstmals schwarze Schwäne und damit eine „neue" Wirklichkeit entdeckten. Nach Popper ist es deshalb die wichtigste Aufgabe eines Wissenschaftlers, eine bislang gültige Theorie nicht durch immer neue (Hilfs-)Argumente zu stützen, sondern an der Widerlegung einer Theorie zu arbeiten. Nur so, das ist Poppers Credo, komme es zu wissenschaftlichem Fortschritt.

Erkenntnis-Fortschritt entsteht durch die Widerlegung von Theorien

Zweitens wird der Begriff der Objektivität im Bereich der Werte, Normen und Regeln nach und nach durch die Idee der Intersubjektivität ersetzt. Das heißt: Was als „wahr" und „richtig" gilt, ist nicht eine Frage der Objektivität, sondern der Übereinstimmung von individuellen Sichtweisen, auf die sich Menschen im Dialog und Diskurs einigen. Die Allgemeingültigkeit der Menschenrechte etwa ist in diesem Sinne keineswegs objektiv – sie ist ein sehr modernes Konzept in der Menschheitsgeschichte, das erst mit der Gründung der Vereinten Nationen nach dem 2. Weltkrieg global wirksam wurde. Vielmehr sind

Auch Werte werden von Menschen „geschaffen"

die Menschenrechte allgemeingültig, weil sich demokratisch gewählte Regierungen auf der ganzen Welt verabredeten, sie zu akzeptieren. Die Subjekte „Regierungen" haben also eine intersubjektive Wirklichkeit geschaffen.

Die konstruktivistische Weltsicht ist in diesem Sinne kein beliebiger Relativismus, mit dem sich jeder einzelne bei seinem Tun und Lassen auf seine eigene „Kopf-Landkarte" berufen und damit Unsinniges oder Unmenschliches rechtfertigen könnte. Im Gegenteil: Gerade weil die konstruktivistische Weltsicht die „Kopf-Landkarte" der Individuen betont, gibt sie dem einzelnen Menschen Würde und Verantwortung. Niemand anders, kein Naturgesetz und keine vermeintliche Objektivität bestimmen das Denken, Fühlen und Handeln eines Menschen. Nur der denkende Mensch selbst ist dafür verantwortlich, und er hat es in der Hand, das Beste daraus zu machen.

Konstruktivismus bedeutet Würde und Verantwortung jedes Einzelnen

Für unser Thema Beziehungsmanagement ist dies eine wichtige Erkenntnis. Denn sie schafft uns die Voraussetzung dafür, dass wir unsere Beziehungen in Beruf und Privatleben wirklich eigenverantwortlich gestalten können. Wir haben es in der Hand

- unsere Wirklichkeit, unsere „Kopf-Landkarten" besser zu verstehen,
- deshalb unser Denken und Fühlen zu steuern
- und dadurch unsere Beziehungen zu unseren Mitmenschen bewusst und erfolgreich zu gestalten.

Auf einen Blick

- Alle Informationen, die unsere Sinne aufnehmen, werden gefiltert durch Erfahrungen, Glaubenssätze, Kultur, Selbstwertgefühl, Werte etc.
- Die Landkarte ist nicht die Landschaft.
- Wir konstruieren uns unser Bild der Welt, unsere individuelle Wirklichkeit – die anders ist als die konstruierte Wirklichkeit von anderen Menschen. Dabei haben die meisten Menschen die Tendenz, ihr konstruiertes Bild für die „Wirklichkeit" oder „Realität" zu halten. Daraus entsteht in Beziehungen Konfliktpotential.
- Die konstruktivistische Weltsicht betont die Eigenverantwortung jedes Menschen für sein Denken, Fühlen und Handeln.

PRAXIS DES BEZIEHUNGS-MANAGEMENTS

Werte und Glaubenssätze: Der Schlüssel zu Ihnen selbst und zur positiven Ausstrahlung

Die Ziele dieses Kapitels und der Nutzen für Ihr Beziehungsmanagement

In diesem Kapitel erfahren Sie, wie Werte und Glaubenssätze Ihr Denken und Fühlen bestimmen und zugleich Ihre Ausstrahlung auf andere Menschen beeinflussen.

Durch Selbstanalyse lernen Sie Ihre Werte und Glaubenssätze genau kennen. Dies ist die Voraussetzung dafür, sie in Ihrem Sinne zu verändern, das heißt wirklich positive Glaubenssätze und aufbauende inneren Dialoge zu erreichen, die Ihr Selbstwertgefühl stärken und Ihre Ausstrahlung spürbar verbessern.

Werte bestimmen Ihr Denken und geben dem Leben eine Richtung

Ihre persönlichen Werte funktionieren in fünffacher Weise als Richtungsgeber und Lenker Ihres Lebens. Denn Sie geben Ihnen:
- Orientierung in der Welt,
- individuellen Lebenssinn,
- steuern bewusst und unbewusst Ihr Bewerten, Denken und Handeln,
- motivieren Ihr Tun und Lassen und
- sind zugleich Wahrnehmungsfilter, die Ihre „Kopf-Landkarte" mitbestimmen.

Die Relevanz von Werten

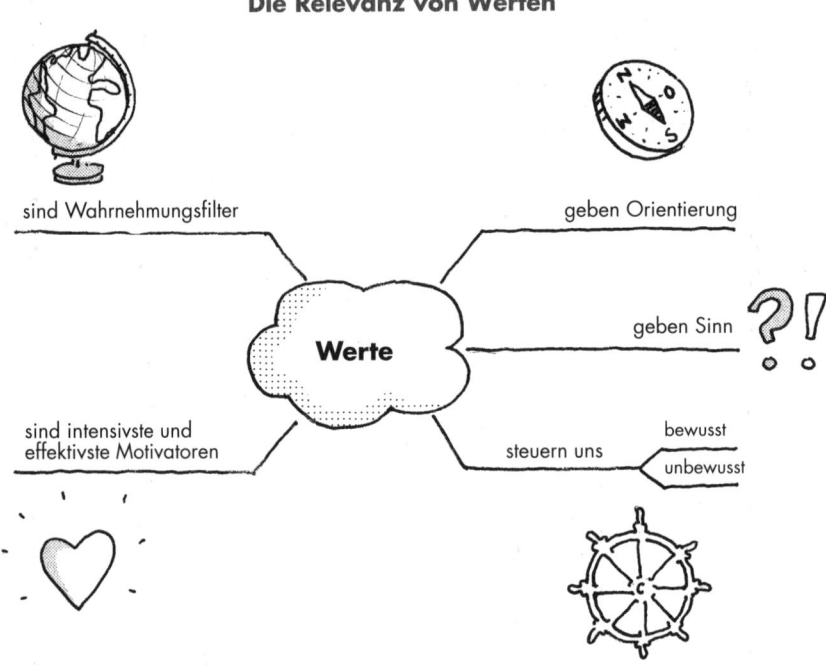

Werte

sind Wahrnehmungsfilter

geben Orientierung

geben Sinn

sind intensivste und effektivste Motivatoren

steuern uns — bewusst / unbewusst

✎ Übung 1

Um Ihre persönlichen Werte zu identifizieren, schlagen wir Ihnen eine Übung vor, die wir aus dem sehr hilfreichen Werk von Evelyne Maaß und Karsten Ritschl „ *Teamgeist – Spiele und Übungen für die Teamentwicklung*" (2001) für Sie ausgewählt und leicht modifiziert haben. Sie sollten sich für diese Übung etwa 60 bis 90 Minuten Zeit nehmen. Suchen Sie sich einen ruhigen, hellen Ort aus, an dem Sie wirklich ungestört bleiben. Ansonsten brauchen Sie nur einen Stift und einige Notizzettel, am besten selbsthaftende „Post it-Notes".

Sollten Sie in der folgenden Übung auf die Beschreibung von Situationen stoßen, die es in Ihrem Leben nicht gegeben hat, dann versuchen Sie sich bitte in die entsprechende Situation hinein zu versetzen.

Im folgenden stellen wir Ihnen sechs Fragenkomplexe vor. Die jeweiligen Antworten sollten Sie während der Übung aufschreiben und sammeln. Notieren Sie alle Gedanken und Werte, die Ihnen zu den Fragen in den Sinn kommen auf Post-it-Notes – pro Post-it jeweils ein Begriff. Sollten Ihnen beim Bearbeiten der sechs Fragen gleiche Begriffe und Werte in den Sinn kommen, so notieren Sie sie bitte auch mehrfach, das heißt bei jeder Frage separat. Das gibt Ihnen später wertvolle Hinweise.

1. Erinnern Sie sich bitte an eine Situation aus dem Berufsleben – eine Situation, in der Sie selbst entschieden haben, Ihre Arbeitsstelle oder Position aufzugeben. Auch eine Situation, in der Sie „innerlich gekündigt" haben, ist als Erinnerung geeignet. Schreiben Sie nun die Antworten zu folgenden Fragen auf:
   - Was hat Ihnen gefehlt?
   - Was haben Sie entbehrt?
   - Welche Qualität war nicht da?
   - Was von dem, was Ihnen wichtig erschien, fehlte – und konnte auch nicht hergestellt werden, obwohl Sie es vielleicht versucht haben?

2. Erinnern Sie sich nun an eine Partnerschaft, an eine sehr enge Beziehung zu einem anderen Menschen oder an eine Freundschaft, die Sie selbst beendet, aus der Sie sich verabschiedet oder zurückgezogen haben.
   - Was hat Ihnen gefehlt?
   - Was haben Sie entbehrt?
   - Welche Qualität war nicht da?
   - Was von dem, was Ihnen wichtig erschien, fehlte – und konnte auch nicht hergestellt werden, obwohl Sie es vielleicht versucht haben?

3. Erinnern Sie sich bitte an eine Situation in Ihrem Leben – privat oder beruflich –, in der Sie sehr unglücklich waren, weil Ihnen etwas Wesentliches gefehlt hat; in der Sie sich sehr unwohl fühlten und den Gedanken hatten, dass dringend etwas geschehen muss oder Sie selbst etwas unternehmen müssen, um diese Situation zu ändern?
   - Was hat Ihnen gefehlt?
   - Was haben Sie entbehrt?
   - Welche Qualität war nicht da?
   - Was von dem, was Ihnen wichtig erschien, fehlte – und konnte auch nicht hergestellt werden, obwohl Sie es vielleicht versucht haben?

Geben Sie sich nach der Beantwortung dieser Fragen einige Minuten Zeit. Stehen Sie bitte auf, lockern, entspannen und schütteln sich. Die Erinnerungen an Negatives und Unglückliches haben Sie vermutlich belastet. Dieses Gefühl überwinden Sie durch eine kurze Phase der Entspannung.

Gehen Sie anschließend daran, die drei folgenden Fragen zu beantworten, nachdem Sie sich wieder ruhig hingesetzt und gesammelt haben. Notieren Sie nun auch für die folgenden Fragen alle Gedanken und Werte, die Ihnen in den Sinn kommen.

4. Erinnern Sie sich an eine Situation aus Ihrem Arbeitsleben, in der Sie Ihrer Tätigkeit wirklich gerne nachgegangen sind; bei der Sie sich wohlfühlten und bei der alles so war, wie Sie es sich wünschten.
   - Was war es, das diese Situation für Sie so besonders machte?
   - Was hat bewirkt, dass Sie sich so wohlfühlten?
   - Welche Qualität haben Sie in dieser Situation besonders geschätzt?
   - Was davon möchten Sie öfter und intensiver erleben?

5. Erinnern Sie sich als nächstes bitte an eine Situation in einer intensiven Beziehung, Partnerschaft oder Freundschaft, die für Sie besonders schön war und in der Sie alles vorfanden, was Sie sich für eine Partnerschaft oder Freundschaft wünschen – eine Situation, in der Sie sich vollkommen wohlfühlten, glücklich und zufrieden waren.
   ● Was war es, das diese Situation für Sie so besonders machte?
   ● Was hat bewirkt, dass Sie sich so wohlfühlten?
   ● Welche Qualität haben Sie in dieser Situation besonders geschätzt?
   ● Was davon möchten Sie öfter und intensiver erleben?

6. Lassen Sie zum Schluss noch eine Erinnerung in Ihnen aufkommen, in der Sie allein (privat oder beruflich) glücklich waren und sich völlig wohl und zufrieden fühlten.
   ● Was war es, das diese Situation für Sie so besonders machte?
   ● Was hat bewirkt, dass Sie sich so wohlfühlten?
   ● Welche Qualität haben Sie in dieser Situation besonders geschätzt?
   ● Was davon möchten Sie öfter und intensiver erleben?

Sortieren Sie zum Abschluss dieser Übung die Begriffe vor sich, die Sie auf den Post it-Notes festgehalten haben. Prüfen Sie die notierten Werte daraufhin, ob Sie die in allen Fällen positiven Qualitäten beschreiben, also solche die Sie anstreben und nicht solche, die Sie vermeiden möchten. Sollte dies nicht der Fall sein, dann formulieren Sie die Begriffe bitte entsprechend um. Identifizieren Sie dabei auch Werte, die Sie mehrfach genannt haben und denken Sie nochmals darüber nach, ob dies wirklich die Werte sind, die Ihnen besonders am Herzen liegen. Anschließend können Sie auf einem neuen Blatt Papier Ihre zehn wichtigsten individuellen Werte zusammenstellen.

Wenn Sie nun Ihre persönlichen Werte anhand der vorhergehenden Übung geklärt haben, können Sie mittels der folgenden Reflexions-Fragen die Relevanz Ihrer Werte für Sie selbst, für Ihre Beziehungen zu anderen Menschen und für die Teamarbeit noch besser verstehen.

Übung 2

Ich und meine inneren Werte
● Unterstützen oder behindern meine Werte die Ziele, die ich erreichen möchte?
● Welche Ziele ergeben sich aus meinen Werten?
● Welche meiner Werte sind selbstbestimmt, welche fremdbestimmt?
● Welche meiner Werte sind bestimmt durch das Streben nach Anerkennung durch andere?
● Welchen Stellenwert haben die Werte Selbstachtung, Selbstwertschätzung, Selbstwertgefühl und Selbstbewusstsein für mich?

Werte und Beziehungen
● Weiß ich, was meinen Mitmenschen, Arbeitskollegen, Freunden, was meinem Partner wert und wichtig ist?

- Beachte ich, was dem anderen wichtig ist, um so zu einem guten Beziehungsmanagement zu gelangen?
- Werte ich auf, was dem anderen wichtig ist, und vermeide ich, ihm Wichtiges abzuwerten?
- Wie harmonieren Werte(-hierarchien) miteinander?
- Kommt es zu Konflikten oder Meinungsverschiedenheiten, weil unterschiedliche Werte ein unterschiedliches Gewicht haben?

Werte und Teams
- Welche Werte der Teammitglieder unterstützen sich gegenseitig?
- Wann potenzieren oder blockieren sich Werte?
- Kommt es zu Konflikten oder Meinungsverschiedenheit, weil unterschiedliche Werte ein unterschiedliches Gewicht haben?
- Was müsste passieren, was müsste sein, damit Werte im Team erlebt werden können?
- Unterstützen oder behindern unsere Werte die Ziele, die wir im Team erreichen möchten?

Ob bewusst oder unbewusst – Werte sind mächtige Motivatoren. Sie treiben Menschen an oder hemmen sie. Sie sind die Grundlage für Bewertungen und Gefühle, für Entscheidungen und Handlungen. Deshalb kommt es in besonderer Weise darauf an, dass Sie einerseits Ihre eigenen Werte verstehen. Andererseits wissen Sie auch, warum Werte für andere Menschen wichtig sind. Sie können die Werte Ihrer Mitmenschen für das Gelingen von Beziehungen nutzen. Voraussetzung ist, dass Sie die Werte anderer kennen. Machen Sie sich deshalb aktiv auf die Suche nach den Werten anderer Menschen. Sie können – je nachdem wie vertraut die Beziehung zu einem anderen Menschen ist – diese Werte erfragen oder durch Wahrnehmung und Beobachtung identifizieren. Im Kapitel 11 zum Thema Konstruktive Kommunikation finden Sie im Abschnitt über beziehungsgestaltende Fragen einige Beispiele dafür, mit welchen Fragen genau Sie die Werte anderer Menschen besser identifizieren können.

Werte sind wichtige Motivatoren

Glaubenssätze wirkungsvoll einsetzen

In engem Zusammenhang mit unseren Werten stehen unsere Glaubenssätze. Glaubenssätze sind Leitsätze des Lebens. Wir sind von Ihnen überzeugt – gleich, ob sie negativ sind („Ich kann das nicht ...", „Ich habe kein Talent ...", „Ich bin nicht gut genug ...") oder positiv („Ich bin erfolgreich und erreiche meine Ziele", „Ich habe eine positive Ausstrahlung", „Ich kann gut mit anderen Menschen umgehen").

Glaubenssätze sind Denkmuster, die mit unseren Werten korrespondieren

Weil Glaubenssätze Denkmuster sind, die in der Regel mit unseren Werten korrespondieren, sind sie mächtige, handlungsbestimmende Einstellungen, die uns durch unser Leben begleiten und entsprechende Auswirkungen haben.

Als Teile der in jedem Menschen fortwährend stattfindenden inneren Dialoge sind Glaubenssätze auch von der Psychologie erforscht und in ihrer wichtigen Bedeutung erkannt. Der Befund: „Es sind Ihr Geist und Ihr Denken, die darüber entscheiden, wer und was Sie sind" (Dießner 1999, S. 37).

Mit positiven Glaubenssätzen die inneren Dialoge steuern

Wichtig für Ihr seelisches, geistiges und körperliches Wohlbefinden ist es, dass Sie positive Glaubenssätze in positive innere Dialoge integrieren. Lernen Sie positive Glaubenssätze zu formulieren und in aufbauende Selbstgespräche einzufügen. Sehr schnell werden Sie erfahren, wie die Konzentration auf Ihre innere Stimme und die bewusste Beeinflussung Ihr Verhalten positiv verändert. Und auch Ihre Umwelt wird dies spüren.

Übung 3

Stimmen Sie sich auf diese Übung ein, indem Sie sich konzentriert die Liste der folgenden Aussagen durchlesen:
- Der Glaube versetzt Berge.
- Gedanken sind die Vorläufer von Gefühlen.
- Positive Gedanken schaffen positive Gefühle und Reaktionen.
- Negative Gedanken lösen negative Gefühle aus.
- Dem Bewusstsein unserer inneren Dialoge kommt besondere Bedeutung zu.
- Wir selbst inszenieren mit unseren Gedanken Blockaden oder lösungsorientierte Stimmungen.
- Gedanken bewirken Selbstbilder und Identitäten.
- Innere Dialoge bewirken äußere Signale.
- Unser Verhalten und unsere Ausstrahlung werden wesentlich dadurch bestimmt, wie und was wir über uns denken.
- Positive Gedanken („Ich mache die Sache gut!") bewirken innere Ruhe und ausstrahlende Sicherheit.
- Der feste Glaube an uns motiviert uns zu Höchstleistungen und lässt uns unsere Ziele erreichen.

Möglicherweise haben Sie wie die meisten Menschen eine Reihe von negativen Glaubenssätzen in Ihr Denken eingebaut: „Dafür bin ich zu ungeschickt ...", „Ich bin zu schwach ...", „So etwas passiert immer nur mir ...", „Ich hab nie Glück ..." etc.

Achten Sie ab sofort bewusst auf Ihren inneren Dialog und unterbrechen Sie sich energisch, wenn Sie sich dabei „ertappen", dass Ihr innerer Dialog um negative Glaubenssätze kreist. Beginnen Sie die Umwandlung der Glaubenssätze damit, dass Sie zur Ruhe finden: „Ich atme erst einmal tief durch!" Setzen Sie Ihre Gedankenübung fort, indem Sie nach neuen positiven Glaubenssätzen suchen. Gehen Sie dabei nur von Ihnen selbst und Ihren Erfahrungen aus: „Ich habe schon viel erreicht in meinem Leben", „Ich kann gut ...", „Mir fällt es leicht zu ...".

Seien Sie bitte nicht zu zaghaft. Gehen Sie ganz bewusst dazu über, nach vorn zu blicken: „Was ich denken kann, das kann ich auch erreichen." Gewinnen Sie aus dieser Umwandlung negativer Glaubenssätze schließlich Ihre persönlichen Sätze, mit denen Sie sich positiv einstimmen: „Ich kann das!", „Ich schaffe es!", „Ich übernehme Verantwortung", „Ich habe Kraft und Energie."

Schreiben Sie diese Glaubenssätze auf. Später (Kapitel 10) werden wir Ihnen noch darstellen, wie Sie Ihre neuen Glaubenssätze als Grundlage positiver Formeln einsetzen können.

Auf einen Blick

- Unsere Werte bestimmen die Richtung unseres Lebens, sie motivieren uns und geben unserem Leben Sinn.
- Die Wertschätzung und der Respekt vor den Werten anderer Menschen ist eine Voraussetzung für erfolgreiche Beziehungen.
- Werte anderer Menschen können wir durch Wahrnehmung, Beobachtung oder direktes Erfragen herausfinden.
- In unseren inneren Dialogen setzen wir individuelle Glaubenssätze ein, die sich im Laufe unseres Lebens geformt haben.
- Negative Glaubenssätze lösen in uns negative Stimmungen aus; sie schaffen Blockaden und erschöpfen unsere Kraft und Energie.
- Negative Glaubenssätze können bewusst gestoppt und durch positive ersetzt werden.
- Positive Glaubenssätze und aufbauende innere Dialoge steigern unser Selbstwertgefühl und verbessern mithin unsere Ausstrahlung.

Gute Beziehungen beginnen beim Wahrnehmen: Steuern Sie Ihre innere und äußere Wahrnehmung

Die Ziele dieses Kapitels und der Nutzen für Ihr Beziehungsmanagement

Für die Praxis des erfolgreichen Beziehungsmanagements ist die Wahrnehmung der eigenen Person, anderer Menschen und der Umwelt von zentraler Bedeutung: Gute Beziehungen beginnen mit positiven Wahrnehmungen – im Beruf wie im Privatleben. Sie selbst entscheiden darüber, was und wie Sie wahrnehmen und wie Ihre spontanen Bewertungen dieser Wahrnehmungen ausfallen.

Sie lernen in diesem Kapitel Techniken der Wahrnehmungssteuerung, die Ihnen bei der bewussten positiven Wahrnehmung helfen. Dadurch verändern Sie Ihre Stimmung – auch in schwierigen Situationen – zum Besseren, erhöhen Ihr Wohlbefinden, Ihr Selbstwertgefühl und gewinnen an Ausstrahlung.

Rufen Sie sich bitte nochmals in Erinnerung, warum wir in der Regel störungs- oder problemorientiert wahrnehmen, das heißt warum uns unser Gehirn mehr Negatives als Positives zu Bewusstsein bringt.

Informationskonto

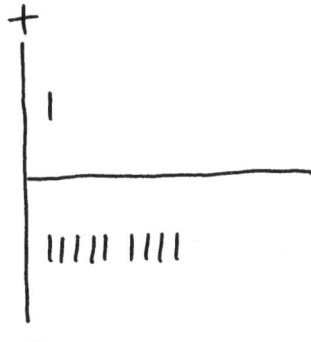

Hauptsächlich ist dafür – wie in Kapitel 1 beschrieben – die Funktionalität unseres „Steinzeit-Gehirns" verantwortlich. Was für unsere Vorfahren also überlebensnotwendig war, weil sie unter den Bedingungen in einer bedrohlichen Umwelt stets vor äußeren Gefahren auf der Hut sein mussten, bestimmt unsere Wahrnehmung noch heute. Die Folge: Durch die negative Wahrnehmung werden negativen Dateien im Großhirn angelegt, die wiederum negative Gefühle wie Unwohlsein oder Unzufriedenheit auslösen.

Wenn wir die Wahrnehmungssteuerung als Grundlage des erfolgreichen Beziehungsmanagements ins Auge fassen, dann sind wir uns **Positive Gefühle** folglich im Klaren darüber, dass positive Wahrnehmung, **durch bewusste** die auf Angenehmes, Gutes, Erfreuliches, Schönes etc. ge- **positive** richtet ist, eine bewusste Entscheidung ist: Willentlich **Wahrnehmung** verlassen wir den „Steinzeit-Wahrnehmungsmodus" und fokussieren das Positive. Durch die bewusste Wahrnehmung bauen wir positive Dateien im Großhirn auf, die positive Gefühle wie Wohlbefinden oder Zufriedenheit auslösen.

Beim erfolgreichen Beziehungsmanagement durch gezielt gesteuerte Wahrnehmung stehen Ihnen zwei Wege offen:
- die positive Selbstwahrnehmung sowie
- die positive Wahrnehmung anderer Menschen, von Dingen und Situationen.

Dieses „Mit-neuen-Augen-Sehen", das Sie in den folgenden Übungen und Beispielen noch näher kennen lernen, hat direkten Einfluss auf Ihre Gedanken und Ihre Gefühle. Es ermöglicht Ihnen, die positiven **„Mit-neuen-Augen-** Energien Ihres Denkens und Fühlens unmittelbar für Ihr **Sehen"** Beziehungsmanagement zu nutzen. Denn jeder Gedanke hat Wirkung, und Einstellung erzeugt Ausstrahlung: Ihre Arbeitskollegen, Freunde und Partner werden Ihre positive Grundstimmung und Ausstrahlung wahrnehmen und – entsprechend dem im Kapitel 3 beschriebenen Rückkopplungsmechanismus – ebenfalls zu positiven Gedanken und Gefühlen finden. Denn Menschen, denen Sie mit Sympathie begegnen, zeigen dies auch durch unbewusste Verhaltensweisen – etwa mit einem freundlichem Gesichtsausdruck und positiver Körpersprache. Dadurch entwickeln diese Menschen auch Ihnen gegenüber gute Gefühle, und damit ist die Grundlage für eine wirklich erfolgreiche Beziehung gelegt.

Wahrnehmung der eigenen Person

Ein entwickeltes, gesundes Selbstwertgefühl ist eine wichtige Voraussetzung dafür, dass Sie gute und erfolgreiche Beziehungen zu anderen Menschen aufbauen und bewahren können. Denn: Nur wer sich selbst wertschätzt, kann Wertschätzung und Achtung für andere Menschen entwickeln.

Diese Tatsache nutzt die Psychologie in vielfältiger Weise. Psychologische Methoden wie die Transaktionsanalyse haben deshalb unter anderem zum Ziel, eine Balance zwischen Selbstbewertung und der Bewertung anderer Menschen zu bewirken. Sätze wie „Ich bin o.k., Du bist o.k." oder „Nimm dich, wie du bist" geben das Ziel an, das durch dieses Wahrnehmen und Denken erreicht werden soll.

Balance zwischen Selbstbewertung und Bewertung anderer Menschen

Amerikanische Wissenschaftler haben errechnet, dass ein Mensch knapp 4,60 Euro wert ist. Seine durchschnittliche biochemische Substanz hat in etwa diesen Wert. Entspricht dies der Wahrnehmung Ihrer eigenen Person und Ihrem Selbstwertgefühl? Ihre Antwort lautet vermutlich Nein. Doch wissen Sie genau, was Sie selbst an sich besonders wahrnehmen und für wertvoll halten?

Übung 4

Notieren Sie mindestens 10 – oder besser: 50 – Eigenschaften, die Sie an sich selbst besonders mögen und 10 bis 50 Fähigkeiten, die Sie auszeichnen.

Positive Eigenschaften	Fähigkeiten
Ich bin ...	Ich kann ...

Wiederholen Sie diese Übungen so oft wie möglich und ergänzen Sie die Aufzählung Ihrer Eigenschaften und Fähigkeiten kontinuierlich. Sie können diese Liste auch als Sonderseite in Ihrem persönlichen Erfolgstagebuch einrichten (was ein Erfolgstagebuch ist, wie es funktioniert und was es Ihnen nutzt erklären wir weiter unten).

Bitte denken Sie bei dieser Übung daran, dass Sie in Ihrem Leben in verschiedenen Rollen existieren. Ihr

● Beruf,
● Familienleben,
● Hobby,
● soziales Engagement etc.

lässt Sie abwechselnd in verschiedene Rollen schlüpfen. Sie sind möglicherweise

● in einem Unternehmen Führungskraft oder Experte,
● sie sind natürlich Tochter oder Sohn, möglicherweise Bruder oder Schwester, Neffe oder Nichte,
● haben einen Partner, sind vielleicht Vater oder Mutter, Onkel oder Tante,
● übernehmen in einem Verein eine Position im Vorstand,
● oder unterstützen als ehrenamtlicher Helfer eine gemeinnützige Einrichtung, einen Wohlfahrtsverband etc.

Achten Sie darauf, dass Sie bei Übung 4 alle diese Rollen mitbedenken und entsprechend Ihre positiven Eigenschaften und Fähigkeiten definieren.

Wechseln Sie nun einmal die Perspektive und stellen Sie sich vor, wie andere Menschen positiv über Sie denken. Was finden andere an Ihnen liebenswert, angenehm, interessant, besonders wertvoll? Bitte beachten Sie auch in diesem Fall, dass Sie verschiedene Rollen in Ihrem Leben haben und dass es darauf ankommt, sich selbst so umfassend wie möglich in diesen Rollen zu identifizieren.

 ## Übung 5

Schreiben Sie eine Lobes- oder Dankesrede für sich selbst. Schlüpfen Sie in die Position eines Redners, der Sie zu ehren hat. Stellen Sie sich vor, Sie hätten einen „runden" Geburtstag oder erhielten eine besondere Auszeichnung: Was würde der Redner aus Ihrem Leben und von Ihren Leistungen erwähnen?

Auf einen Blick

● Sie leben in verschiedenen beruflichen und privaten Rollen, in denen Sie jeweils über ganz besondere persönliche Eigenschaften, Fähigkeiten und Stärken verfügen.
● Nur wer sich selbst wertschätzt, kann Wertschätzung und Achtung für andere Menschen entwickeln. Deshalb ist der Aufbau eines „gesunden" Selbstwertgefühls von besonderer Relevanz.

Wahrnehmung von Erinnerungen

In Ihrer inneren Wahrnehmung nehmen Erinnerungen einen großen Raum ein. Sie erinnern sich fortlaufend an zurückliegende Ereignisse, an Menschen, die Sie früher einmal trafen, an ehemalige Arbeitskollegen, an „verflossene" Lieben, an Urlaube, an Orte, Bilder, Stimmungen etc. Ihr Gehirn produziert einen permanenten Bewusstseinsstrom, in dem Erinnerungen mit gegenwärtigen Erlebnissen und Zukunftsprojektionen verknüpft sind.

Vielleicht haben Sie bereits die Erfahrung gemacht, dass Ihnen beim Essen in einem Restaurant ein angenehmer Duft in die Nase steigt oder der Geschmack eines guten Weins Ihren Gaumen anregt – und plötzlich fühlen Sie sich in die Stimmung eines schönen Urlaubs zurückversetzt. Und möglicherweise inspiriert Sie das, augenblicklich an Ihre Urlaubsplanungen für das kommende Jahr zu denken.

Erinnerungen lösen Emotionen aus

Umgekehrt könnte Sie – während Sie in einem Restaurant auf der sonnigen Terrasse sitzen – das laute Geräusch eines vorbeifahrenden Pkw daran erinnern, dass Sie in Ihrem letzten Urlaub mit Ihrem Hotel unzufrieden waren. Möglicherweise war dort sowohl das Zimmer hellhörig als auch das Restaurant zu nahe an einer viel befahrenen Straße gelegen, und Sie fühlten sich von diesem Lärm beeinträchtigt.

Wie können Sie nun so mit Ihrem Erinnerungsvermögen und Ihren Bewertungen umgehen, dass Positives im Vordergrund steht? Dazu einige praktische Anleitungen.

Übung 6

Nehmen Sie sich fünf Minuten Zeit und schreiben Sie alle kleinen und großen Ereignisse, Dinge oder Situationen auf, die in den letzten Stunden oder am vergangenen Tag gut gelaufen sind. Was hat Ihnen Freude bereitet? Was war angenehm und schön? Was hat Spaß gemacht?

_____

_____

_____

_____

_____

Wie viele Erinnerungen haben Sie aufgeschrieben? Bitte notieren Sie sich diese Zahl. Wären Ihnen nach fünf Minuten noch weitere positive Erlebnisse ins Gedächtnis gekommen, die Sie nicht aufgeschrieben haben? Bitte nehmen Sie sich dann bei der Wiederholung dieser Übung etwas mehr Zeit oder schreiben Sie solange positive Erinnerungen auf, bis Sie wirklich für längere Zeit ins Stocken geraten.

Diese Aufgabe war eine Einstimmung Ihrer Erinnerung auf Positives. Nehmen Sie sich die Zeit, diese Übung jeden Abend zu wiederholen. Notieren Sie jedes Mal die Zahl der positiven Erinnerungen, um zu erleben und zu verinnerlichen, wie es Ihnen zunehmend leichter fällt, eine wachsende Zahl positiver Erinnerungen abzurufen.

Aus dieser einfachen Übung lässt sich schrittweise ein sehr wirkungsvolles Konzept zum Aufbau und zur Verbesserung Ihrer positiven Erinnerung und Ihres Selbstwertgefühls entwickeln:

Schreiben Sie Ihr persönliches Erfolgstagebuch!

In Ihrem persönlichen Erfolgstagebuch verbinden Sie die Erinnerung an die positiven Erlebnisse des zurückliegenden Tages mit Ihrem Verhalten und Ihrem Anteil am Zustandekommen des jeweils Erlebten. Machen Sie Ihr Erfolgstagebuch auch dadurch zu einem ganz persönlichen und wertvollen Objekt, indem Sie ein schönes Buch auswählen, dessen Farbe, Form und Papier Ihnen besonders angenehm ist. Wählen Sie möglichst ein kleines Format, damit Sie Ihr Erfolgstagebuch ohne Umstände überall mit hinnehmen und benutzen können.

 ### Übung 7

(Fragen frei nach: Michael Luther: *Die Reise zu den inneren Schätzen*. Paderborn 2000, S. 125)

Legen Sie sich ein persönliches Notizbuch, ein Heft oder eine Kladde zu. Nehmen Sie sich jeden Abend 15 bis 20 Minuten Zeit, Ihr persönliches Erfolgstagebuch zu erstellen. Beantworten Sie in diesem Erfolgstagebuch die folgenden Fragen:

- Was ist in den letzten 24 Stunden gut gelaufen in meinem Leben? Welche Erfolge hatte ich? (Identifizieren Sie bitte mindestens drei Erfolge.) Auf welche Leistungen bin ich stolz? Was habe ich mir Gutes gegönnt? Wem habe ich eine Freude bereitet und wer hat sich über mich gefreut?
- Was war mein Anteil am Zustandekommen dieser Erfolge und Leistungen? Welche Strategie habe ich verfolgt? Welche meiner Stärken habe ich dazu eingesetzt?
- Was war neu, was habe ich an Erfahrungen dazu gewonnen? Welche Perspektiven haben sich mir eröffnet?

Diese Übung am Abend lässt Sie mit einem guten Gefühl den Tag abschließen und ruhig in die Nacht übergehen.

Ihr persönliches Erfolgstagebuch wird Ihnen – wenn Sie es über einen längeren Zeitraum täglich mit Inhalt füllen – einerseits dabei helfen, Ihre positive Erinnerung zu trainieren und zu verfeinern. Sie werden Ihre Erfolge intensiver erleben und Ihren Anteil daran besser verstehen. Auf diese Weise verbessert sich spürbar Ihr Selbstwertgefühl und Ihre positive Ausstrahlung.

Andererseits werden Sie auch vieles über sich selbst erfahren, das Ihnen bislang nicht so deutlich und klar war: Ihren Erfolgen und Leistungen liegen Handlungsstrategien zugrunde, deren Entdeckung Ihnen die Chance gibt, sie weiter zu verbessern und in zukünftigen Situationen noch effizienter zu nutzen. Anders ausgedrückt: Sie sammeln wirkungsvolle, sogenannte Referenzerfahrungen, auf die Sie in Zukunft leicht zurückgreifen können.

Erfolgen liegen individuelle Handlungsstrategien zugrunde

Übrigens: Ebenso wie es Ihnen selbst gut tut und es sie stärkt, sich Ihre persönlichen Erfolge vor Augen zu führen, ist es auch für Ihre Mitmenschen wichtig, eigene Erfolge wahrzunehmen und zu kommunizieren. Geben Sie deshalb Ihren Freunden, Bekannten, Ihrem Partner und Ihren Kollegen die Chance, über deren Erfolge zu sprechen, sie in bunten Farben auszumalen und darauf stolz zu sein. Als guter, auf Positives gerichteter Fragensteller und Zuhörer tragen Sie dazu bei, das Selbstwertgefühl Ihres Gegenübers zu verbessern. Und das hilft Ihnen wiederum eine gute Beziehung aufzubauen. Denn Ihr Gesprächspartner wird Ihre Aufmerksamkeit und Ihr unterstützendes Feedback auf seine Geschichte als positives Erlebnis auf dem zu Ihrer Person gehörenden Informationskonto verbuchen: Ein Pluspunkt also für Sie! Mehr zu Erfolgsfragen und beziehungsgestaltenden Fragen finden Sie in Kapitel 11 dieses Buches.

Mitmenschen mit positiven Fragen aufwerten

Zudem können Sie beim genauen Zuhören eine Menge über die Erfolgsstrategien anderer Menschen erfahren – und davon lernen, um diese Strategien selbst auszuprobieren und anzuwenden.

Auf einen Blick

● Erinnerungen bilden zusammen mit gegenwärtigen Erlebnissen und Zukunftsprojektionen einen kontinuierlichen Bewusstseinsstrom.

● Positives Erinnern lässt sich trainieren.

● Ein persönliches Erfolgstagebuch macht individuelle Handlungs- und Verhaltens-
strategien erkennbar. Es steigert Ihr Selbstwertgefühl, indem es Ihnen Ihren Anteil
an Ihren Erfolgen, Ihre Fähigkeiten und Leistungen noch besser verdeutlicht.

● Diese positiven Referenzerfahrungen sind jederzeit für Sie abrufbar.

● Auf der Basis eines weiter verbesserten Selbstwertgefühls können Sie Ihr Beziehungsmanagement noch effektiver machen und auch anderen Menschen die Gelegenheit geben, über deren Erfolge zu sprechen. Dies steigert wiederum das
Selbstwertgefühl Ihrer Gesprächspartner und macht Sie zu einem positiven Fragensteller und guten Zuhörer, den Ihr Gegenüber in guter Erinnerung behält.

Wahrnehmung der Umgebung

In der Zeit, die Sie täglich im wachen Zustand verbringen, sind Sie nur zu einem kleinen Teil in der Lage, Ihre Umgebung nach Ihren Vorstellungen,
Wünschen und Bedürfnissen selbst einzurichten. Ihr Zuhause können Sie
selbstverständlich ganz nach Ihrem Geschmack gestalten, können Ihr Wohnzimmer mit Ihrem Lieblingsbild schmücken, Ihre Räume mit Pflanzen und
Blumen dekorieren, für angenehme Farben und wohlriechende Düfte sorgen.
Aber am Arbeitsplatz, beim Kundenbesuch, beim Einkaufen in der Fußgängerzone, im Supermarkt, beim Besuch von Freunden und Bekannten? Was nehmen Sie dann in Ihrer Umgebung wahr? Worauf achten Sie besonders?

Immer wieder stoßen Sie auch auf Störendes, Hässliches und Unangenehmes:
Achtlos weggeworfene Abfälle in einer Fußgängerzone, unangenehme Gerü-
che im Supermarkt, ein schief hängendes Bild in der Wohnung eines Bekannten, Büromöbel, die Sie hässlich finden und so weiter.

**Beim bewussten
Hinschauen haben
Sie die Wahl: schön
oder hässlich?**
Sie haben die Wahl, sich von Ihrer Umgebung negativ beeinflussen zu lassen oder Ihre Wahrnehmung ganz bewusst auf das Schöne und Angenehme zu richten. Und Sie
werden vielleicht überrascht sein: Es gibt nahezu überall
Ansehnliches, Attraktives und Interessantes zu entdecken.

Übung 8

Konzentrieren Sie sich am Arbeitsplatz auf Ihre Umgebung. Nehmen Sie sich fünf Minuten Zeit, alles aufzuschreiben, was Sie als schön und angenehm empfinden: Dinge, Farben, Formen, Düfte, Geräusche und Menschen.

_____

_____

_____

_____

_____

Bitte wiederholen Sie diese Übung regelmäßig in unterschiedlichen Umgebungen. Nicht immer ist es notwendig, Ihre Wahrnehmungen schriftlich festzuhalten. Je häufiger und besser Sie die Wahrnehmungsübung trainieren, desto leichter fällt es Ihnen, sie bloß „im Geiste" zu machen. Sie können still für sich selbst Ihre Wahrnehmung der Umgebung auf Positives ausrichten – an jedem Ort und in jeder Situation.

Übung 9

In Ihrer Freizeit suchen Sie eine Fußgängerzone, eine Einkaufsstraße, einen Supermarkt oder anderen öffentlichen Ort auf und sammeln 30 positive Eindrücke.

_____

_____

_____

_____

_____

Bitte wiederholen Sie auch diese Übung regelmäßig und notieren Sie dabei, wie viel Zeit Sie brauchen, um jeweils 30 positive Wahrnehmungen zu finden. Sie werden sehen: Je häufiger Sie trainieren, desto schneller finden Sie Positives in Ihrer Umgebung. Denn Ihr Gehirn ist ein Wunderwerk an Lernfähigkeit.

Übungen zur Umgebungswahrnehmung sind für das erfolgreiche Beziehungsmanagement deshalb so wichtig und nützlich, weil wir nur selten in der Lage sind, die Orte und Räume selbst zu bestimmen, in denen wir beispielsweise wichtige Kunden, unsere Vorgesetzten oder auch Bekannte treffen. Aber wie unerfreulich oder gar schädlich kann es sein, wenn wir uns bei solchen Gelegenheiten unwohl fühlen oder in schlechte Stimmung geraten, weil wir uns von unserem „Steinzeit-Wahrnehmungsmodus" auf Negatives fixieren lassen: Der Vertriebsmitarbeiter, der im Gespräch mit dem neuen Kunden von dem Gemälde an der Wand hinter dem Schreibtisch seines Gegenübers abgelenkt ist, weil er es grell und wenig ästhetisch findet, wird kaum die positive, sympathische Ausstrahlung besitzen, die er für den Aufbau einer erfolgreichen Beziehung braucht.

Auf einen Blick

● Weil Sie Ihre Umgebung nur selten nach Ihren ureigensten Vorstellungen gestalten können, lernen Sie, Ihre Wahrnehmung gezielt auf das Schöne, Interessante und Angenehme zu fokussieren.

Wahrnehmung anderer Menschen

Was für die Wahrnehmung der Umgebung gilt, ist auch im Hinblick auf die Wahrnehmung anderer Menschen wichtig: Wir haben die Möglichkeit zu wählen, auf was wir bei einem anderem Menschen besonders achten. Es steht in unserer Macht, durch bewusstes Wahrnehmungsmanagement andere Menschen wohl wollend und angenehm zu betrachten.

Übung 10

Gehen Sie an einen Ort in Ihrer Nähe, an dem Sie viele, Ihnen nicht näher bekannte Menschen beobachten können. Sagen Sie sich mindestens 15 bis 20 Minuten lang zu jeder vorübergehenden Person spontan und sehr schnell fünf positive Eigenschaften. Trainieren Sie dies so oft wie möglich.

Machen Sie ruhig die Probe aufs Exempel: Suchen Sie sich bei Ihrer Beobachtungsübung durchaus auch Menschen aus, die Ihnen zunächst wirklich unsympathisch erscheinen. Gibt es nicht doch beim näheren Hinsehen die ein oder andere zunächst überraschende Wahrnehmung? Plötzlich hilft der Beobachtete, der griesgrämig und unbeteiligt erschien, einer Frau mit Kinderwagen freundlich aus der Straßenbahn. Oder ein spontanes Lachen erhellt sein Gesicht. Seine Kleidung erscheint Ihnen altmodisch und abgetragen, aber haben Sie auch schon in sein Gesicht geschaut oder die Farbe seiner Augen wahrgenommen? Checken Sie bei Ihren Beobachtungen so viele Aspekte wie möglich: Äußerlichkeiten ebenso wie Verhalten, und machen Sie auch positive Annahmen über die Fähigkeiten und Eigenschaften des Beobachteten.

Zugegeben: Nichts ist schwerer als den ersten Eindruck zu korrigieren, den man von einem Menschen hat. Denn der erste Eindruck ist machtvoll und prägend. Wir werden darauf später (Kapitel 13) ausführlich eingehen. Dennoch: Durch bewusste Wahrnehmungssteuerung gelingt es Ihnen, Menschen „mit neuen Augen zu sehen". Denn das schnelle, spontane Wahrnehmen positiver Eigenschaften entwickelt und fördert Ihre Kompetenz, sich immer und überall positiv auf andere Menschen einzustimmen – selbst wenn Ihnen einmal ein Mensch auf Anhieb nicht hundertprozentig sympathisch ist.

Und bitte denken Sie daran: Sie verstellen sich damit nicht den Blick auf die Wirklichkeit, sondern arbeiten bewusst an Ihren eigenen Wahrnehmungsfiltern und an Ihrer „Kopf-Landkarte".

Um dies effektiv zu trainieren, ist es hilfreich sich bewusst zu machen, was wir an anderen Menschen als besonders angenehm und wertvoll schätzen.

Übung 11

Denken Sie an zehn Menschen aus Ihrem Berufs- und Privatleben, die Sie besonders schätzen. Notieren Sie die Namen und schreiben Sie ihnen die fünf Eigenschaften zu, die Sie als besonders angenehm und wertvoll empfinden.

_____

_____

_____

_____

_____

Jetzt dürften Sie einen klareren Blick dafür haben, was Sie an anderen Menschen schätzen, warum Sie sich in ihrer Nähe wohlfühlen und sie mögen. Suchen Sie bewusst solche oder ähnliche Merkmale an anderen Menschen. Und entdecken Sie zugleich, dass die Vielfalt, Verschieden- und Eigenartigkeit der Menschen in Ihrer Umgebung etwas Bereicherndes und Wertvolles darstellt. Auch dies ist eine positive Wahrnehmung, die es Ihnen leicht macht, gute Beziehungen aufzubauen, weil Sie selbst mit positivem Denken und Fühlen auf andere zugehen.

Derartiges Wahrnehmungsmanagement nutzt darüber hinaus auch Teams und Gruppen. Teambuilding-Maßnahmen, bei denen zum Beispiel alle Mitglieder die Stärken und herausragenden Eigenschaften der anderen finden und notieren, schaffen gegenseitigen Respekt und Wertschätzung.

Übung 12

Trainieren Sie auch Ihre Wahrnehmung von Menschen, die Ihnen bisher nicht auf Anhieb sympathisch waren. Denken Sie dazu an entsprechende Personen und ordnen
Sie ihnen ebenfalls jeweils fünf positive Eigenschaften und Fähigkeiten zu.

_____

_____

_____

_____

_____

Teilnehmer unserer Trainings berichten uns regelmäßig darüber, dass diese ge-
zielte Wahrnehmungssteuerung zur deutlichen Verbesserung ihres Verhältnis-
ses zu anderen Menschen beigetragen hat – selbst wenn es sich um Personen
handelte, die ihnen zuvor nicht hundertprozentig sympathisch waren.

Auf einen Blick
- Jeder Mensch hat positive Eigenschaften.
- Sie haben die Möglichkeit zu wählen, auf was Sie bei anderen achten.
- Die Vielfalt und Verschiedenartigkeit der Menschen bereichert unser Leben.
- Durch Wahrnehmungssteuerung können Sie Ihre Beziehungen zu Bekannten,
  Kollegen, Führungskräften oder Kunden spürbar verbessern.
- Bewusste gegenseitige positive Wahrnehmung stärkt auch den inneren Zusam-
  menhalt von Teams und Gruppen.

Wahrnehmung von Situationen

Der deutsche Physiker und Nobelpreisträger Werner Heisenberg (1901 –
1976) machte Ende der 1920er Jahre eine Entdeckung, die nicht nur die Physik, sondern das gesamte Bild unserer Welt revolutionier-
te. Die sogenannte Heisenbergsche Unschärferelation hat
– vereinfachend zusammengefasst – folgenden Inhalt: Es
ist unmöglich, gleichzeitig den Ort und die Geschwindigkeit eines Atomteilchens mit beliebiger Genauigkeit zu bestimmen. Dafür gibt es Ursachen, die mit der experimentellen Situation bei der
Untersuchung von atomaren Teilchen (Elektronen) zu tun haben: Je genauer
man den Ort eines Elektrons bestimmen möchte, desto stärker muss man seine

**Die alltägliche
Wahrnehmungs-
unschärfe**

Geschwindigkeit stören, weil man zur Ortsbestimmung zusätzliche Energie hinzufügen muss. Umgekehrt muss man die im Experiment zugefügte Strahlung verringern, wenn man die Geschwindigkeit des Elektrons genau messen möchte. Dies wiederum macht es aber unmöglich, die genau Position des Elektrons zu bestimmen.

Ohne weitere Kenntnisse der Physik im allgemeinen oder der Quantenmechanik im besonderen können wir eine Quintessenz aus Heisenbergs Unschärferelation gewinnen, die von zentraler Bedeutung ist: Der Akt und die Art des Beobachtens selbst beeinflusst die Beobachtungsergebnisse.

Beobachten beeinflusst Beobachtungsergebnisse

Es lohnt sich, diese weit über die Physik hinausgehende Erkenntnis zu bedenken. Denn sie ist ohne Zweifel auf unsere Wahrnehmung der Welt und auf die Wahrnehmung jeder Situation übertragbar. Heisenbergs Unschärferelation besagt nämlich auch, dass die Frage (in seinem Falle entweder nach Position oder Geschwindigkeit eines Elektrons) bestimmend dafür ist, welche Antworten wir erhalten. Oder: Die Art und Weise wie wir eine Situation wahrnehmen, entscheidet darüber, was wir als Wirklichkeit/Umwelt erkennen.

Müssten wir deshalb statt von Wahrnehmung nicht besser von „Wahrgebung" sprechen?

Wahrnehmung oder Wahrgebung?

Sicherlich kennen Sie die beinahe schon sprichwörtliche Frage: „Ist das Glas Wasser vor Ihnen halb leer oder halb voll?" Und tatsächlich entscheidet Ihre Wahrnehmung darüber, wie Ihre Antwort ausfällt.

Die Wahrnehmung von Situationen am Arbeitsplatz und im Privatleben hängt also zuallererst von Ihnen selbst ab, von der Art und Weise, was Sie und wie Sie Ihre Umwelt wahrnehmen. Dies ist eine Jahrtausende alte Einsicht, die schon die Philosophen der Stoa, die Stoiker, kannten und formulierten: *„Die Dinge der Welt sind nicht an und für sich gut oder schlecht. Es kommt darauf an wie wir sie wahrnehmen."*

Auf einen Blick
- Die Unschärferelation der Physik lässt sich auf unsere Wahrnehmung übertragen: Der Akt des Beobachtens selbst beeinflusst die Beobachtungsergebnisse.

Jeder Gedanke hat Wirkung: Trainieren Sie spielerisch Ihr Gedankenmanagement

Die Ziele dieses Kapitels und der Nutzen für Ihr Beziehungsmanagement

Sie lernen auf spielerische Art und Weise, Macht über Ihr Denken und damit über Ihre Emotionen auch in herausfordernden Situationen zu behalten.

Das nutzt Ihnen dabei, in jeder Situation Ihre Ausstrahlung und Wirkung auf andere Menschen zu beherrschen und damit die Qualität Ihres Beziehungsmanagements von äußeren Einflüssen und Ereignissen unabhängig zu machen.

Häufig lassen wir uns von äußeren Umständen, Situationen und Ereignissen stressen oder unter Druck setzen, obwohl wir nicht die geringste Chance haben, auf diese Gegebenheiten Einfluss zu nehmen oder sie in unserem Sinne zu verändern.

Vielleicht kennen Sie diese Situation: Ein anscheinend sehr langsam arbeitender Angestellter an einem Post- oder Bankschalter „produziert" eine lange Warteschlange. Obwohl Sie wenig Zeit haben, weil Sie in 15 Minuten ein wichtiges Treffen mit einem Kunden oder einem Freund haben, müssen Sie sich am Ende der Warteschlange anstellen. Denn Sie haben etwas zu erledigen, das unbedingt hier und heute und nur an diesem Schalter zu tun ist.

Wollen Sie zulassen, dass die Warteschlange Ihr Denken und dadurch Ihre Wirkung auf Ihren Kunden oder Freund in Mitleidenschaft zieht und dass Sie nach dem Bank- oder Postbesuch mürrisch, verärgert und unsympathisch wirken?

Bewusstes Gedankenmanagement, das wir Ihnen in diesem Kapitel nahe bringen wollen, bedeutet für Sie, in jeder Situation die Macht über Ihre Gedanken zu bewahren. Denn Sie entscheiden, was Sie denken, wie Sie sich deshalb fühlen und welche Ausstrahlung Sie dementsprechend auf andere Menschen haben.

Bewahren Sie die Macht über Ihre Gedanken

Wir nennen die folgenden Übungen **Gedankenspiele**. Denn Sie verbinden die bewusste Selbststeuerung des Denkens mit spielerischen Elementen. Ihr Gehirn ist für diese Art der Unterhaltung besonders geeignet, weil es außer in lo-

Souveränität durch „Gedankenspiele" gisch-rationalen Operationen auch in Form von Träumen, Fantasien und Visualisierungen jeder Art arbeitet.

Der trödelnde Autofahrer: Ein Botschafter der Geduld

In der immer hektischeren Gesellschaft, in der wir leben, scheinen Redewendungen wie „Zeit ist Geld" oder „Wer zuerst kommt, malt zuerst" den Status der Allgemeingültigkeit erreicht zu haben. „Speed, speed, speed" ist der wichtigste Grundsatz. Und in diese Hektik brechen dann auch noch die unvorhergesehenen Ereignisse ein, die überhaupt nicht ins Konzept zu passen scheinen, die alles durcheinander bringen und unseren dichten Terminplan aus den Fugen geraten lassen. Sie kennen ihn vielleicht: den trödelnden Autofahrer vor Ihnen. Hat er – entgegen den oben beschriebenen Erfahrungen – etwa alle Zeit der Welt zur Verfügung, da er mit einer Geschwindigkeit von maximal 40 Stundenkilometern vor Ihnen her fährt? Überholen können Sie ihn wegen der engen und unübersichtlichen Straßenführung nicht. Aber Sie haben Zeitdruck; in fünf Minuten beginnt eine wichtige Geschäftsbesprechung. Für die noch zurück zu legende Strecke zu dem Büro, in dem Ihr Treffen stattfindet, brauchen Sie ohnehin noch wenigstens fünf Minuten – und einen Parkplatz müssen Sie auch noch finden.

Seien Sie sicher, dass Ihre Gesprächspartner Ihnen anmerken werden, dass Sie gestresst und entnervt zur Besprechung kommen, wenn Sie sich jetzt aufregen.

Feuchte Hände wegen des trödelnden Autofahrers vor Ihnen? Die vegetativen Reaktionen Ihres Körpers – ausgelöst durch negative Gedanken und Emotionen – treiben Ihren Blutdruck in die Höhe, vielleicht bekommen Sie einen Schweißausbruch und feuchte Hände; möglicherweise verfärbt sich Ihr Gesicht blutrot; Ihre Sprechweise wird hektisch, Ihre Stimme unnatürlich hoch.

Können Sie darauf vertrauen, dass Ihre Gesprächspartner die Entschuldigung für Ihren Zustand wirklich akzeptieren: „Tut mir leid, dass ich fünf Minuten zu spät komme – aber so ein Sonntagsfahrer vor mir hat mich aufgehalten. Ich hab mich fürchterlich geärgert." Oder werden Ihr Auftritt und Ihr Verhalten vielleicht doch – möglicherweise nur unterbewusst – als fehlende Souveränität und Gelassenheit interpretiert: „Du liebe Güte, wenn der sich schon von einem Sonntagsfahrer aus der Ruhe bringen lässt, wie reagiert der denn dann, wenn es einmal wirklich hektisch und stressig wird?"

Übung 13

Statt sich über den trödelnden Autofahrer vor Ihnen aufzuregen und sich dadurch die Chancen für den Aufbau guter Beziehungen zu Ihren Gesprächspartnern im anstehenden Meeting selbst zu beschneiden, könnten Sie ein Gedankenspiel wagen: „Wie kann ich das Verhalten des trödelnden Autofahrers so verstehen, dass ich einen positiven Gedanken entwickle? Was kann ich in dieser Situation über mich und meine Umwelt lernen? Und wie kann ich denken, damit ich auch in dieser schwierigen Situation ruhig und gelassen bleibe?"

Stellen Sie sich zum Beispiel vor, dass alle Menschen um Sie herum eine genau bestimmte Funktion in einem weltumfassenden Spiel haben – ein Spiel, das extra für Sie gespielt wird und in dem Sie die Gelegenheit erhalten, Ihre Persönlichkeit täglich weiterzuentwickeln, Ihr Verhalten und Ihre Leistungsfähigkeit kontinuierlich zu verbessern. Leider kennen Sie aber die Aufgaben und Rollen der einzelnen Mitspieler nicht. Stellen Sie sich also in Ihrem Gedankenspiel die Frage: Welche Aufgabe hat der trödelnde Autofahrer vor mir? Welche Rolle hat er jetzt übernommen und was kann ich durch sein Verhalten lernen? Wie hilft er mir dabei, mich zu verbessern?

Die zentrale Frage: „Was können Sie lernen?"

Haben Sie schon eine Idee? Könnte es sein, dass Sie in punkto Geduld und Gelassenheit noch Entwicklungspotentiale haben? Vielleicht ist der trödelnde Autofahrer in dem großen Spiel, das für Sie gespielt wird, ein Botschafter der Geduld, der Sie dazu anregt, neue Formen der Ausgeglichenheit und Entspannung sowie neue Wege dorthin zu entdecken. Vielleicht ist er aber nur ein einfacher „Erinnerungsposten", der Ihnen Ihr letztes Zeitmanagement-Seminar zurück ins Gedächtnis rufen soll: Sie hatten gelernt, dass Sie sich möglichst immer einen „Zeitpuffer" in Ihrem Tagesplan einrichten, um „Luft" zum Beispiel für Unvorhergesehenes zu haben. Heute haben Sie aber einmal mehr 105 Prozent Ihrer Zeit mit Terminen und Telefonaten vollgestopft.

Wie auch immer Sie sich in Ihrem Gedankenspiel entscheiden – Ihr Gehirn hat eine positive Gedankenwelt in Bewegung gesetzt. Sie sind entspannt und ruhig geblieben – und kamen nicht eine Minute später zu Ihrem Termin, als wenn Sie sich aufgeregt hätten. Achten Sie bitte auch auf die Reaktionen Ihres Gesprächspartners, wenn Sie ihn mit einem freundlichen, ruhigen Ausdruck begrüßen und um Entschuldigung bitten: „Der Verkehr in der Stadt nimmt immer mehr zu. Bislang habe ich die Strecke zu Ihnen in 30 Minuten immer ganz ruhig geschafft. In Zukunft werde ich 45 Minuten Fahrtzeit einplanen." Nehmen Sie wahr, wie Ihr

Sie setzen eine positive Gedankenwelt in Bewegung

Gegenüber aufmerksam und wohlwollend registriert, dass Sie in Zukunft noch mehr Ihrer knappen Zeit für die Anfahrt zu Gesprächen mit ihm einplanen werden?

Ihre Welt in einem Jahr

Stellen Sie sich folgende Situation vor: Völlig unvorhergesehen ereilt Sie eine schlimme Nachricht. Ihre Tochter hat sich während eines Ski-Ausflugs mit ihrer Schulklasse das Schienbein gebrochen. Sie ist in ein Krankenhaus in der Nähe des Wintersport-Gebietes gebracht und sofort operiert worden.

In einer Stunde haben Sie ein wichtiges Vorstellungsgespräch bei einem möglichen neuen Arbeitgeber. Ihr alter Arbeitgeber ist darüber nicht informiert. Jetzt können Sie also an Ihrem alten Arbeitsplatz niemandem davon erzählen, dass Ihnen kaum Zeit bleibt, Ihre Frau und Ihren Sohn über den Anruf der Schule zu unterrichten, weil Sie zur Vorstellungsrunde aufbrechen müssen. Zugleich machen Sie sich Sorgen darüber, wie es Ihrer Tochter nach der Operation geht und wann Sie wieder zurück nach Hause kommen kann. Es geht Ihnen durch den Kopf, ob Sie überhaupt noch Urlaubstage haben, die Sie nehmen könnten, um Ihre Tochter schnellstmöglich im Krankenhaus 700 Kilometer von Ihrem Wohnort entfernt zu besuchen.

Ruhe bewahren auch in unvorhergesehenen Situationen Plötzlich befinden Sie sich also in einer Situation, in der Ihnen soviel auf einmal an Gedanken und Gefühlen durch den Kopf schießt, dass Sie kaum wissen, was Sie als nächstes tun sollen. Vielleicht doch beim Personalbüro des Unternehmens, bei dem Sie sich bewerben, anrufen und um eine Verschiebung der Vorstellung bitten? Aber was macht das für einen Eindruck, knapp eine Stunde vor dem seit zwei Wochen verabredeten Termin?

Sie sind nervös und aufgeregt. Werden Sie sich gleich überhaupt auf die Fragen im Vorstellungsgespräch einstellen können? Wird man Ihnen Ihre innere Unruhe und die Sorge um Ihre Tochter anmerken? Sollen Sie den Ski-Unfall ansprechen und sich damit entschuldigen? Oder wird man Ihnen das als mangelndes Stressverhalten ankreiden?

Schaffen Sie es in dieser Situation, die Macht über Ihre Gedanken und damit Ihre Gefühle zurückzugewinnen? Ein weiteres Gedankenspiel kann Ihnen dabei helfen. Denken Sie zurück an eine ähnliche, vergleichbare Situation, in der Sie früher einmal waren; eine positive Referenzerfahrung, bei der Sie eine große Schwierigkeit gut meisterten. Eine Situation also, in der Sie ebenfalls zunächst aufgeregt, nervös, hektisch wurden, weil Sie die Folgen eines Ereignisses nicht absehen konnten, Angst bekamen und vielleicht den Überblick verloren. Und jetzt konzentrieren Sie sich ganz und gar darauf, wie sich allmählich aber sicher alles zum Guten wendete, wie Ihre schlimmsten Befürchtungen sich in Luft auflösten, wie Sie schon einige Wochen nach diesem Ereignis im Kreis der Familie und mit Freunden locker und sogar humorvoll über Ihre eigene Aufgeregtheit reden konnten.

Übung 14

Übertragen Sie diese Referenzerfahrung auf Ihre augenblickliche Situation. Stellen Sie sich Ihre Welt in einem Jahr vor:

- Ihre Tochter ist nach gelungener Operation schon längst wieder auf Skiern im Wintersport unterwegs.
- Nach einem erfolgreichen Vorstellungsgespräch haben Sie den gewünschten neuen Job erhalten.
- Eine damit verbundene deutliche Verbesserung Ihres Einkommens hat Ihren finanziellen Handlungsspielraum erheblich erweitert.
- Von Ihrem früheren Arbeitgeber sind Sie mit viel Dank und Anerkennung für Ihre Leistungen verabschiedet worden.

Versuchen Sie, Ihre Welt in einem Jahr mit möglichst vielen Aspekten und Facetten und so intensiv wie möglich zu denken. Versetzen Sie sich wirklich in die Zukunft, indem Sie Ihre Vorstellungen in lebendigen Bildern mit Farben, Formen, Gefühlen, Düften und Geräuschen visualisieren. Die Wirkung wird Sie überzeugen: Sehr schnell gewinnen Sie den Überblick über Ihre augenblicklichen Prioritäten zurück und finden heraus, was als nächstes zu tun ist.

Machen Sie dieses Erlebnis zu einer weiteren positiven Referenzerfahrung, auf die Sie in Ihrer Erinnerung jederzeit zurückgreifen können, wenn Sie wieder einmal Gefahr laufen, in stressigen Situationen den Überblick zu verlieren.

Auf einen Blick

- Durch Gedankenspiele behalten Sie auch in kritischen Situationen die Macht über Ihr Denken.
- Sie können durch Reflexion und Gedankenmanagement direkt Ihre Emotionen und Ihr Wohlbefinden beeinflussen.
- Dadurch erhöht sich die Chance, Ihre Ziele tatsächlich zu erreichen.
- Sie gewinnen neue, positive Referenzerfahrungen, die Ihnen zukünftig bei der Bewältigung von Herausforderungen helfen.

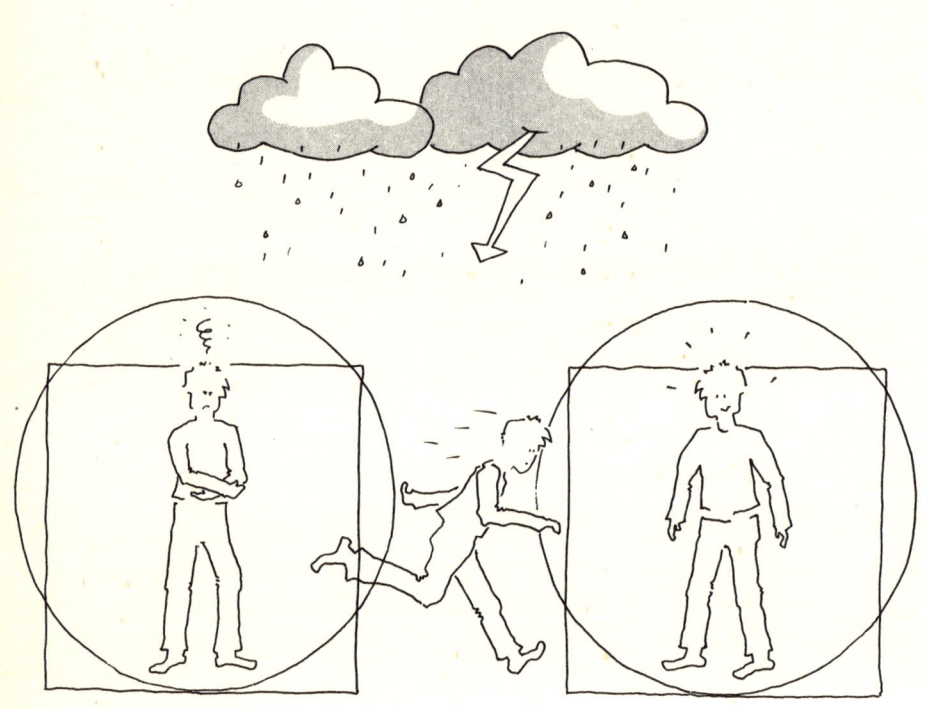

Fühlen Sie sich gut, damit sich andere gut fühlen können: Beziehungsmanagement durch Reframing

---

Die Ziele dieses Kapitels und der Nutzen für Ihr Beziehungsmanagement

In diesem Kapitel lernen Sie die Methode des Reframings kennen. Dies ist eine gute Methode, auch schwierige Situationen in positiver Grundhaltung und Stimmung zu bewältigen.

Im Mittelpunkt steht die Frage: Wie kann ich Ereignisse wahrnehmen und über sie denken, dass es mir dabei gut geht – auch wenn ich die Situation ursprünglich als negativ empfinde.

Das Reframing nutzt Ihnen dabei, stets eine positive Ausstrahlung zu haben – und das nehmen andere Menschen wahr und können sich in Ihrer Umgebung gut fühlen.

Der englische Begriff *Reframing* bedeutet soviel wie „einer Situation/einem Ereignis einen anderen, neuen Rahmen geben" oder auch: „etwas aus einer anderen neuen Sicht sehen". Wir können dazu auch sagen: *Reframing bedeutet das absichtsvolle Neubewerten von Situationen und Verhaltensweisen.* Das Ziel: Sie denken so über Ihre Umwelt, andere Menschen und Ereignisse, dass es Ihnen selbst stets gut geht und Sie sich in einem Zustand der Entspannung und Gelassenheit befinden.

Ein neuer „Rahmen" für eine veränderte Sichtweise

Als Methode des Gedanken- und Emotionsmanagements ist das Reframing durch das Neurolinguistische Programmieren (NLP) bekannt geworden. Dies ist ein von den US-Amerikanern Richard Bandler und John Grinder entwickeltes Konzept der Persönlichkeitsentwicklung. In den Worten der bekannten NLP-Autoren Joseph O'Connor und John Seymour: „NLP ist die Kunst und Wissenschaft von persönlicher Vervollkommnung, von erfolgreicher Kommunikation und Höchstleistungen, die entstand, als untersucht wurde, wie Spitzenleute in unterschiedlichen Bereichen ihre außergewöhnlichen Ergebnisse erzielen." Reframing ist also eine aus dem Erfahrungsschatz erfolgreicher Praktiker gewonnene und fundierte Methode.

„... nur das Denken macht es so." William Shakespeare wird der Satz zugeschrieben: „Es gibt nichts, das an sich gut oder schlecht wäre, nur das Denken macht es so." Wir haben bereits gesehen, dass dies eine Einsicht ist, die in ähnlicher Form schon der Philosophie der Stoiker zugrunde lag.

Wenn Sie diese Einsicht ernst nehmen, eröffnen sich Ihrem Denken beinahe unendliche Möglichkeiten, Situationen, Ereignisse und Verhaltensweisen anderer Menschen so zu deuten, dass Sie sie neutral oder sogar positiv aufnehmen können.

Beginnen Sie mit einer kurzen Reflexion über den Sinn eines Ereignisses und über die verschiedenen Möglichkeiten seiner Interpretation.

Denken Sie beispielsweise an einen heftigen, langanhaltenden Regen, der Sie unerwartet – und selbstverständlich ohne Regenschirm – an einem Sommerabend beim Spaziergang überrascht. Ein Regen, der Sie völlig durchnässt und mit einer beginnenden Erkältung zurücklässt. Innerhalb Ihres persönlichen „Interpretationsrahmens" wird es Ihnen nur schwerlich gelingen, diesem Naturereignis eine für Sie sinnvolle Bedeutung abzugewinnen. Andererseits warteten aber die Bauern und Winzer seit Tagen auf Regen. Denn eine längere Periode trockenen, heißen Wetters ließ sie um die Qualität ihrer Produkte fürchten. Der plötzliche Regen schien ihnen als das Beste, was ihnen seit Wochen widerfahren war. Aber nicht allein den Bauern und Winzern half der Regen – auch für Sie selbst gibt es positive Aspekte. Denn von einer hohen Qualität des Gemüses und der Weine haben auch Sie schließlich einen ganz persönlichen Nutzen: Guten Geschmack und günstige Preise erleben Sie nämlich spätestens, wenn nach der Ernte die Produkte in den Handel kommen.

Genau auf diese unterschiedlichen Bedeutungen von Ereignissen oder Aussagen in unterschiedlichen Sinnzusammenhängen zielt das Umdeuten ab. Und deshalb bedeutet das Reframing auch keineswegs, dass Sie

Neue Sinn-zusammenhänge statt rosaroter Brille sich eine naive „rosarote" Brille aufsetzen, durch die Sie dann die Welt immer als sinnvoll und schön betrachten. Vielmehr geht es darum, Ihr Verständnis dafür zu stärken, dass erst der „Frame", der Rahmen oder Kontext eines Ereignisses und Ihr dazugehöriges Denken darüber den Sinn eines Ereignisses konstituieren. Anders ausgedrückt: Reframing bedeutet, einen Kontext zu finden, in dem Ihre Erlebnisse und die Ereignisse Ihres Lebens positiv und sinnvoll sind.

Gehen Sie nun bitte daran, diese Technik des Umdeutens gezielt für sich und Ihr Beziehungsmanagement zu nutzen.

Trainieren Sie zunächst, für einige unangenehme Ereignisse/Erlebnisse einen anderen Kontext zu finden, der diesen Begebenheiten einen für Sie positiven Sinn gibt.

Übung 15

Finden Sie einen sinnvollen, d.h. emotional und im Hinblick auf Ihre Stimmung sowie Ausstrahlung positiven Kontext für die folgenden Situationen:

1. Sie wollen am Samstagvormittag mit dem Pkw zum Einkauf in die Innenstadt fahren, können dort aber nicht hingelangen, weil die Polizei alle Zufahrtsstraßen seit einer Stunde abgesperrt hat.

   _____

   _____

   _____

2. Sie gehen morgens sehr viel früher als üblich ins Büro, um in Ruhe eine wichtige Präsentation an Ihrem PC fertig zu stellen. An ihrem Arbeitsplatz angekommen, bemerken Sie, dass sämtliche Server in Ihrem Unternehmen heruntergefahren wurden und Sie keinen Zugriff auf Ihre Daten haben.

   _____

   _____

   _____

3. Sie sind von Freunden als Trauzeuge zu einer standesamtlichen Hochzeit eingeladen. Zwei Stunden vor der Trauung, für die Sie einen Tag Urlaub genommen haben, erhalten Sie einen Anruf eines ebenfalls mit dem Brautpaar befreundeten Nachbarn. Er teilt Ihnen lediglich mit, dass die Hochzeit abgesagt wurde. Gründe dafür sind ihm nicht bekannt.

   _____

   _____

   _____

4. Ein sehr guter Kunde, mit dem Sie Ihres Erachtens über Jahre vertrauensvoll zusammengearbeitet haben, hat die Geschäftsbeziehungen zu dem Unternehmen, für das Sie arbeiten, von heute auf morgen kommentarlos gekündigt.

_____

_____

_____

Vielleicht haben Sie diese Übung als herausfordernd empfunden. Für diesen Fall möchten wir Ihnen im folgenden ein Beispiel dafür geben, wie Sie positive Aspekte in einer ursprünglich negativen Situation erkennen, indem Sie das Ereignis umdeuten.

Stellen Sie sich vor, dass Sie in Ihrem Gesicht eine Veränderung der Haut bemerken. Ein zunächst kleiner roter Fleck, den Sie für eine harmlose Reizung gehalten haben, wird zunehmend größer. Als Sie mit Besorgnis feststellen, dass diese Hautveränderung mit einem starken Juckreiz einhergeht und sich immer schneller ausbreitet, gehen Sie zum Hautarzt. Dort erfahren Sie, dass es sich um eine komplizierte Form eines Haut-Ekzems handelt, die dringend medikamentös behandelt werden muss.

Können Sie sich vorstellen, dass es für einen Menschen positive Aspekte einer derartigen Hauterkrankung gibt? Eventuell halten Sie dies für unmöglich?

Wir wollen Ihnen an dieser Stelle nicht selbst erdachte Vorschläge für das Reframing machen, sondern aus einem unserer Seminare berichten. Ein Teilnehmer erzählte uns die oben geschilderte Geschichte – und er berichtete uns zugleich, wie dieses Ekzem seine Wahrnehmung und sein Denken positiv verändert hat:

„Bis zu meiner Hauterkrankung habe ich wie Millionen anderer Menschen auch morgens in den Spiegel geschaut, habe mich rasiert und gewaschen. Daran war für mich nichts besonderes. Mein Gesicht und meinen Körper habe ich so beachtet und gepflegt, wie man dies durchschnittlicher Weise tut. Ich war nicht besonders eitel, aber auch nicht nachlässig und nie ungepflegt. Erst das Ekzem in meinem Gesicht, das mich fast ein halbes Jahr begleitete, hat dafür gesorgt, dass ich morgens mit einem veränderten Sinn in den Spiegel geschaut habe. Zum erstenmal habe ich bemerkt, dass ich eigentlich ein perfektes Gesicht habe: Glatte Haut, keine Narben, schöne Formen der Nase, des Munds und der Augen. Mit anderen Worten: Ich habe zum erstenmal

Ein roter Fleck macht das makellose Antlitz erst sichtbar

mein Gesicht und meine Gesichtshaut bewusst positiv gesehen. Nach der Ekzem-Erkrankung weiß ich, dass ich mich darüber sehr glücklich schätzen kann."

Diese authentische Schilderung eines Seminar-Teilnehmers verdeutlicht, dass das Reframing einerseits dazu geeignet ist, positive Aspekte an ursprünglich negativen Begebenheiten zu Tage zu fördern. Andererseits ist diese Geschichte auch ein Beleg dafür, wie Umdeutungen dazu beitragen, die eigenen Perspektiven und Horizonte zu erweitern.

Übung 16

Finden Sie nun zu den folgenden acht Situationen jeweils drei positive Aspekte.

- Ihr bester Freund erzählt Ihnen, dass er ein Jobangebot in Asien angenommen hat. Für mindestens drei Jahre werden Sie nur selten persönlichen Kontakt zu ihm haben können.

- Sie sind verabredet und Ihr Gesprächspartner kommt zu spät.

- Sie erfahren, dass Ihre Führungskraft im Unternehmen, mit der Sie ein ausgezeichnetes Verhältnis haben, die Position wechselt. Ihr voraussichtlicher neuer Teamleiter hat den Ruf eines selbstherrlichen und egoistischen Menschen.

- Sie kommen unverschuldet viel zu spät zu einem wichtigen beruflichen Vortrag, den Sie vor Ihrem Team halten sollten. Während die Mitglieder des Teams noch auf Sie warten, hat der Teamleiter das Meeting schon verlassen.

● Ihr(e) Partner/in ruft Sie vom Büro aus an, um Ihnen zu sagen, dass er/sie nicht mit zu einem lange geplanten Theaterbesuch kommen kann, weil im Unternehmen eine unvorhergesehene dringende Aufgabe unverzüglich erledigt werden muss.

_____

_____

_____

● Kurz vor einem wichtigen Vertragsabschluss mit einem neuen Geschäftspartner wird dessen Unternehmen von einer anderen Firma übernommen; die weiteren Vertragsverhandlungen werden deshalb auf unbestimmte Zeit ausgesetzt.

_____

_____

_____

● Im Urlaub kommen Sie in ein vorab gebuchtes Hotel, das in keiner Weise der Beschreibung im Reiseführer entspricht: Das Haus wird zur Zeit umgebaut und gleicht von morgens bis abends einer lauten Baustelle.

_____

_____

_____

● Sie haben ein dreiviertel Jahr intensiv für die Teilnahme an einem sportlichen Großereignis trainiert: Der Berlin-Marathon sollte die Krönung Ihres persönlichen Fitness-Programms werden. Doch am Morgen der Veranstaltung wird der Lauf wegen eines Sturms und gefährlicher Wetterbedingungen abgesagt.

_____

_____

_____

Mit dem Reframing verfügen Sie nun über eine ausgezeichnete Methode, Ihre Emotionen zu steuern. Denn indem Sie den Ereignissen einen neuen positiven Rahmen geben, versetzen Sie sich selbst in die Lage, stets eine ausgeglichene, ruhige, positive Gelassenheit zu fühlen. Je besser Ihnen dies gelingt, desto attraktiver werden Sie für Ihre Mitmenschen. Menschen werden den Kontakt und dauerhafte Beziehungen zu Ihnen suchen, weil Ihre Ausstrahlung Ihrer Umgebung ein klares

Positive Gelassenheit in jeder Lage

Signal vermittelt: Hier ist ein positiver Mensch, der auch in hektischen und kritischen Situationen Verständnis, Besonnenheit und Humor bewahrt.

Auf einen Blick

- Ihr Emotionsmanagement ist entscheidend dafür, wie Sie auf andere Menschen wirken.
- Mit Reframing steht Ihnen eine Methode zur Verfügung, positive Aspekte an ursprünglich als negativ bewerteten Ereignissen, Situationen, Verhaltensweisen und Aussagen zu erkennen.
- Dadurch steuern Sie Ihre Ausstrahlung bewusst und mit dem Ziel, in jeder Situation ausgeglichen, ruhig und leistungsfähig zu sein. So wirken Sie positiv auf andere Menschen, die sich deshalb in Ihrer Umgebung wohlfühlen können.

BEZIEHUNGS-WEISE mit Formeln und Zielvisualisierungen: Steuern Sie sich selbst zu hohem Selbstwertgefühl und positiver Ausstrahlung

Die Ziele dieses Kapitels und der Nutzen für Ihr Beziehungsmanagement

In diesem Kapitel stellen wir Ihnen die Möglichkeiten der positiven Selbstbeschreibung Ihrer Eigenschaften und Fähigkeiten vor. Diese Selbstbeschreibungen können Sie mit Nutzen- und Anwendungsketten verbinden. Außerdem sind sie die Basis Ihrer Selbstprogrammierung mit Formeln. Mit Formeln erreichen Sie besser Ihre Ziele, unter anderem im Hinblick auf den Umgang mit anderen Menschen.

Außerdem lernen Sie die Technik der Zielvisualisierung kennen. Visualisierungen in Form von Bildern und Kopfkino-Filmen konkretisieren Ihre Ziele in gehirngerechter Weise.

Das nutzt Ihnen dabei, Ihre Ziele im Beziehungsmanagement, in Gesprächen, Treffen und Sitzungen noch effektiver zu erreichen.

Vorausschauende Selbstprogrammierung mit Formeln

Die Methode des Reframings, die wir Ihnen in Kapitel 9 vorgestellt haben, ist die wirkungsvolle Methode, sich in jeder Situation, bei jedem Ereignis und Verhalten anderer Menschen – seien sie auch kritisch oder negativ – gut zu fühlen, weil Sie durch Umdeutung positiv denken können. Während diese Methode also in erster Linie Ihre gedanklichen und gefühlsmäßigen Reaktionen verbessert, gewinnen Sie durch die Selbstprogrammierung mit Formeln die Möglichkeit, vorausschauend und planend unter anderem Ihre Wirkung und Ausstrahlung auf andere Menschen zu steuern.

Wie bei allen Konzepten und Methoden, die wir Ihnen in diesem Buch vorstellen, geht es darum, Ihr Denken und Fühlen, Ihr Selbstbild, Ihre Werte und Ziele wirklich nachhaltig so zu gestalten, dass sie authentisch, also wahrhaft positiv sind.

In diesem Sinne ist die Selbstprogrammierung mit Formeln eine Art der Persönlichkeitsentwicklung, die besonders gut geeignet ist, Ihr Selbstwertgefühl zu steigern und Ihre Beziehungen zu anderen Menschen nachhaltig zu verbessern.

Glaubenssätze haben wir in Kapitel 6 als Leitsätze des Lebens beschrieben, die sich im Laufe Ihres Lebens entwickelt und verfestigt haben. „Ich kann es nicht lange mit ein und demselben Partner aushalten" – dieser

Persönlichkeits-entwicklung durch Selbststeuerung

Glaubenssatz könnte Sie dazu anleiten, immer wieder Ihre Partner zu wechseln. Denn er würde unterbewusst Ihre Wahrnehmungen und Bewertungen, Ihr Denken, Fühlen und Handeln bestimmen. Wenn Sie es wollen, können Sie Ihre Glaubenssätze erkennen und verändern. Und ebenso wie Ihre Glaubenssätze als Summe Ihrer bisherigen tatsächlichen oder vermeintlichen Lebenserfahrungen veränder- und verwandelbar sind, so sind auch Ihr Selbstbild, Ihre Zukunftsprojektionen, Ihre Wirkung und Ihr Verhalten gegenüber anderen Menschen weitgehend von Ihnen selbst steuerbar. Formeln sind der Schlüssel dazu.

Formeln sind kurze Sätze oder Ausdrücke, in denen eine Vorstellung, ein Gedanke oder eine Vision knapp und sehr präzise erfasst sind.

Auf direktem Weg ins Unterbewusstsein

Durch Wiederholung und Verinnerlichung – zum Beispiel in Phasen der Entspannung – gewinnen sie eine Kraft, die Ihr Unterbewusstsein direkt erreicht.

Im Buddhismus sind solche Formeln seit Jahrtausenden als Mantras bekannt. Auch das von J.H. Schultz entwickelte Autogene Training setzt Formeln zur Selbstbeeinflussung ein. Professor Dietrich Langen hat ihre Wirkungsweise im Autogenen Training so erklärt: „Das Autogene Training beruht wesentlich auf diesem ersten psychobiologischen Grundgesetz: Ein Gedanke, ein Gefühl oder eine Konzentration haben die Tendenz, sich im Körper auszuwirken. Je prägnanter, knapper und monotoner ein Gedanke ist, desto stärker die Reaktion auf ihn."

Ausgehend von diesem psychobiologischen Grundgesetz nutzt das Autogene Training die Formeln zunächst um körperliche Zustände

Autogenes Training nutzt psychobiologische Erkenntnisse

zu beeinflussen. Bei den zahlreichen praktischen Übungen wie etwa Schwere-Übungen kommen Formeln zum Einsatz wie „Ich bin ganz ruhig!" und „Mein rechter Arm ist schwer!" etc.

Doch die Kraft der Formeln reicht weit über die Veränderung von Körperzuständen hinaus. Individuelle Formeln, die sich Menschen selbst entwickeln, helfen unter anderem dabei:

● Visionen und Ziele zu erreichen,
● Gefühle und Verhalten zu verändern,
● sich selbst zu motivieren.

Ob Hilfe bei der Überwindung von Schlafstörungen, bei Denk- oder Sprechblockaden oder eben beim Aufbau guter Beziehungen zu anderen Menschen: Individuelle Formeln unterstützen Sie dabei, Ihre Ziele zu erreichen.

Schauen wir uns im folgenden an, wie Sie Formeln wirksam formulieren und wie Sie sie einsetzen.

Um die größtmögliche Wirkung bei der Selbstprogrammierung sicherzustellen, kommt es vor allem darauf an gehirngerechte Formulierungen zu finden. Konkret bedeutet das:

Programmieren Sie sich mit gehirngerechten Formeln

● Wirksame Formeln sind aktiv und positiv („Ich bin ruhig"; „Ich bin sicher"; „Ich strahle Gelassenheit aus etc.). Die positive Formulierung ist ganz besonders wichtig, weil Ihr Gehirn große Schwierigkeiten hat, negative Formulierungen zu verstehen. Dazu ein kurze Übung: Sammeln und konzentrieren Sie sich einen Moment. Denken Sie dann einmal *nicht* an einen Elefanten oder versuchen Sie, sich *nicht* einen Strand an blauem Meer vorzustellen.
Ist Ihnen das „*Nicht*-Denken" gelungen? Wir vermuten, dass das genaue Gegenteil eingetreten ist, dass Sie gerade die Vorstellung eines Elefanten oder eines Strandes am Meer vor Ihrem inneren Auge hatten. Das wäre nur natürlich, denn die rechte Hälfte Ihres Großhirns verwandelt Informationen automatisch in Bilder.
Bei Formeln wird es Ihnen genauso ergehen: Wenn Sie beispielweise denken „Ich bin *nicht* nervös", registriert Ihr Gehirn vor allem die Botschaft „nervös". Das Ergebnis liegt auf der Hand. Statt ruhig zu werden oder zu bleiben, stellen sich Nervosität und Unruhe ein.

● Beziehen Sie Ihre individuellen Formeln ganz aktiv auf sich selbst: Formulieren Sie in der Ich-Form: „Ich bin ...", „Ich kann ...", „Ich schaffe ..." Die Formulierung „Ich bin ruhig" kann eine größere Kraft entfalten als etwa die beständige innere Wiederholung des Wortes „Ruhe".

● Formulieren Sie Formeln, die Ziele oder wünschenswerte Zustände beschreiben, als ob sie bereits erreicht wären: „Ich bin erfolgreich" statt „Ich werde erfolgreich sein"; „Ich begegne meinem Gesprächspartner mit Ruhe und Offenheit" statt „Ich werde ruhig und offen sein." Bitte denken Sie daran: Für Ihr Gehirn ist der Gedanke selbst die Wirklichkeit. Das ist wichtig, denn andernfalls programmieren Sie sich bloß auf das „Werden" eines Verhaltens oder einer Situation und nicht auf das „Sein".

● Vermeiden Sie in Ihren individuellen Formeln alles Negative oder emotional Belastende. Achten Sie deshalb bei Ihren Formulierungen sehr genau darauf, ob ein Gedanke, ein Bild oder ein Wort für Sie wirklich positiv ist.

● Formeln sind am besten kurz und knapp. Ihre Kraft gewinnen Sie durch Wiederholung und leichte Eingängigkeit.

Jetzt können Sie in mehreren Übungsschritten Ihre individuellen Formeln entwickeln und lernen, Sie gezielt für Ihr Beziehungsmanagement einzusetzen. Beginnen Sie damit Ihre positiven Eigenschaften aufzuschreiben. Dies dient zum einen der Selbstvergewisserung und hilft Ihnen dabei, sich selbst Ihre Kompetenzen bewusst zu machen – und damit zugleich Ihre Ausstrahlung zu verbessern: Wo stehen Sie heute und welche positiven Eigenschaften schreiben Sie sich selbst zu?

Übung 17

Notieren Sie Ihre positiven Eigenschaften und verwenden Sie dabei bitte die Ich-Form: „Ich bin freundlich"; „Ich bin höflich"; „Ich bin fleißig"; „Ich bin engagiert" etc.

_____

_____

_____

_____

_____

_____

_____

_____

In einem zweiten Schritt nehmen Sie sich nun Ihre Fähigkeiten und Stärken vor. Diesmal geht es bei der Übung darum, dass Sie Ihre Fähigkeiten und Stärken so konkret und ausführlich wie möglich beschreiben. Gut ist die Formel: „Ich kann gut mit Menschen sprechen"; noch besser ist: „Ich kann am Arbeitsplatz und in der Familie gut mit Menschen sprechen und dabei durch meinen Humor die Stimmung auflockern."

Übung 18

Notieren Sie Ihre Fähigkeiten und Stärken. Verwenden Sie dabei durchgängig die „Ich kann"-Form. Machen Sie Ihre Beschreibungen konkret und anschaulich.

_____

_____

_____

_____

_____

_____

_____

_____

Übung 19

Gehen Sie nun nochmals diese Liste Ihrer positiven Eigenschaften, Fähigkeiten und Stärken durch und suchen Sie gezielt nach solchen Aussagen über sich, die Ihnen für Ihr Beziehungsmanagement besonders hilfreich sein können. Vielleicht steht auf Ihrer Liste die Aussage „Ich bin fantasievoll" oder „Ich habe viel Fantasie".

Schreiben Sie dann in den folgenden Tabellen zu Ihren positiven Eigenschaften und Fähigkeiten in drei Schritten den konkreten Nutzen für Ihr Beziehungsmanagement auf – zum Beispiel:

„Ich bin fantasievoll. Das nutzt mir dabei, schnell gute und kreative Ideen zu entwickeln. Das wende ich in Teamsitzungen an, wenn neue Aufgaben besprochen werden, für die in kurzer Zeit Lösungen zu erarbeiten sind."

Bitte üben Sie diese Nutzen- und Anwendungsketten, denn Sie verstärken die Wirkung der Formeln in Ihrem Gehirn und damit die Wirkung auf Ihr Verhalten und Ihre Gefühle.

Persönliche positive Eigenschaften und ihr Nutzen

Ich bin ...	Diese Eigenschaft hilft mir bei ...	In diesen Situationen wende ich es an ... Situationen so konkret wie möglich beschreiben

Persönliche Fähigkeiten und ihr Nutzen

Ich kann ...	Diese Fähigkeit hilft mir bei ...	In diesen Situationen wende ich es an ... Situationen so konkret wie möglich beschreiben

Übung 20.1

Definieren Sie als nächstes in der untenstehenden Tabelle die Faktoren und Zustände, die Ihr Beziehungsmanagement behindern: Was ist es, das Sie bei einem geschäftlichen Termin, bei einem Besuch von Freunden oder Verwandten hemmt, stört, sich unwohl fühlen lässt.

Tragen Sie anschließend in der rechten Hälfte der Grafik die damit korrespondierenden Erfolgsfaktoren und Zielzustände ein: Welche Zustände, Verhaltens- oder Denkweisen wünschen Sie sich stattdessen? Ein Beispiel dazu haben wir bereits angegeben.

Misserfolgszustände	Erfolgszustände
Gereiztheit	Gelassenheit

Übung 20.2

Sie haben jetzt die Faktoren und Zustände bestimmt, die Ihr Beziehungsmanagement verbessern werden. Machen Sie jetzt einen weiteren Schritt und wandeln Sie diese Faktoren und Zustände in positive Formeln um. Auch dazu haben wir wieder ein Beispiel in die untenstehende Grafik eingetragen. Übertragen Sie zunächst die definierten Erfolgsfaktoren und -zustände in die linke Spalte der folgenden Tabelle und formulieren Sie dann die dazu passenden Formeln in wirkungsvoller gehirngerechter Weise.

Welchen Zustand möchte ich erreichen?	Meine Formel dazu
Gelassenheit	Ich bin in jeder Situation ruhig und gelassen

Mit diesen Formeln programmieren Sie sich auf die angestrebten Zielzustände. Denn Formeln wirken wie Befehle an das Gehirn, die Beschreibungen in die Wirklichkeit umzusetzen. Deshalb sind sie auch hervorragend zur Vorbereitung von beruflichen Gesprächen, Treffen mit Kunden, familiären Anlässen oder freundschaftlichen Begegnungen geeignet.

Stellen Sie sich zum Beispiel vor, dass Sie zum Personalentwicklungs-Gespräch mit Ihrer Führungskraft verabredet sind. Sie suchen neue Perspektiven und Entwicklungschancen in Ihrem Job und wollen Ihre Führungskraft davon überzeugen, dass sie Ihnen im nächsten Jahr den Besuch von Seminaren oder Trainings ermöglicht. Welche Ihrer positiven Eigenschaften und Fähigkeiten setzen Sie dazu im Gespräch am besten ein? Wie nutzen Ihnen diese persönlichen Eigenschaften in der konkreten Situation?

Oder Sie bereiten ein Kundengespräch vor: Wie möchten Sie wirken? Welche Ziele streben Sie an? Was sind Ihre besten Fähigkeiten, mit denen Sie das Gespräch zu einem erfolgreichen Abschluss bringen?

Bitte üben Sie den Einsatz von Formeln und Nutzen-/Anwendungs-Ketten regelmäßig, etwa

- morgens zur positiven Einstimmung auf den vor Ihnen liegenden Tag,
- zur Vorbereitung auf wichtige Gespräche und Treffen,
- zur Konzentration und Motivation zwischendurch,
- abends zur Einstimmung auf einen erholsamen Schlaf und
- in jeder Situation, in der Sie sich auf einen bestimmten Zustand hin programmieren möchten.

Erst tägliches Training führt zu großen Leistungen – wie bei Spitzensportlern

Bitte denken Sie daran: Auch Spitzensportler trainieren täglich, damit sie ihre großartigen Leistungen vollbringen können.

Zu echten Power-Formeln für Ihr Gehirn werden diese Sätze, wenn Sie sie mit einer Nutzenargumentation verbinden und anschließend ihre Anwendung in „Kopf-Kinofilmen" visualisieren.

Zielvisualisierungen

Generell verstehen wir unter der Technik des Visualisierens die Übersetzung eines Gedankens, einer Aussage oder Information in ein inneres Bild.

Visualisierungen dienen dazu, Ihre Vorstellungen – vor allem Ihre Ziele – dem Gehirn so konkret wie möglich zu präsentieren und so den Zustand der Zielerreichung gedanklich vorwegzunehmen. Ihre Vorstellungen und Ziele werden durch Visualisierungen viel kraftvoller und für Ihr Denken und Handeln bestimmend. Denn Sie präsentieren sie Ihrem Gehirn in visualisierter

Übersetzen Sie Gedanken in innere Bilder

Form wesentlich überzeugender als lediglich in Worten oder Sätzen. Alle visualisierten Informationen und Ziele werden nämlich nicht nur in Ihrer linken Gehirnhälfte gespeichert und wirksam, sondern zugleich auch in Ihrer rechten. Sie nutzen also die Fähigkeiten Ihres Gehirns noch umfassender.

Was macht Visualisierungen besonders wirkungsvoll? Dazu einige Grundsätze:

So visualisieren Sie richtig!

- Gute Visualisierungen sind konkret: Je konkreter ein Bild ist, desto klarer sieht man es und desto mehr Wirkung hat es. Verschwommene Bilder beruhen auf verschwommenen Zielen. Klare Bilder repräsentieren klare Ziele.

- Gute Visualisierungen stimulieren positive Gefühle: Ein Bild soll immer die positiven Informationen ansprechen, die in Ihrem Gehirn gespeichert sind. Bilder sollen Spaß machen und alles vermeiden, was negative Emotionen auslöst.

- Noch stärker als statische Bilder wirken Filme: Werden Sie zum Regisseur und Hauptdarsteller Ihrer inneren Filme, indem Sie Ihren bildhaften Visualisierungen das Laufen beibringen. Kopfkino verbindet Bilder zu sinnvollen Sequenzen.

- Besonders wichtig: Sehen Sie auf jeden Fall sich selbst als Person im Bild und als festen Bestandteil Ihrer Visualisierungen. Andernfalls verlieren die Bilder an Wirkung, denn Sie selbst sind dann nicht Teil Ihrer Vision.

- Vertonte Farbfilme mit zusätzlichen Sinneseindrücken haben die stärkste Wirkung: Setzen Sie bei Ihren Kopfkino-Produktionen neben den visuellen Reizen auch die auditiven (was höre ich?) und kinästhetischen (was fühle, rieche und schmecke ich?) ein. Dadurch werden alle Eingangskanäle des Gehirns aktiviert und die Quantität und Qualität der Informationsspeicherungen verbessert.

Abgesehen davon, dass Zielvisualisierungen als Gedankespiele Spaß machen und schon deshalb für positive Gefühle sorgen, erhöhen Sie mit dieser Technik auch die Chancen, Ihre Ziele tatsächlich zu erreichen. Denn visualisierte Ziele sind direkte Handlungsanweisungen an das Unterbewusstsein. Zahlreiche Tests vor allem mit Sportlern haben die Wirksamkeit und den Erfolg von Zielvisualisierungen bestätigt.

Setzen Sie deshalb Visualisierungen und innere Filme auch gezielt für Ihr Beziehungsmanagement ein. Drehen Sie Kopfkino-Filme, in denen Sie Gespräche, Treffen und Meetings detailliert inszenieren.

Visualisierungstechniken

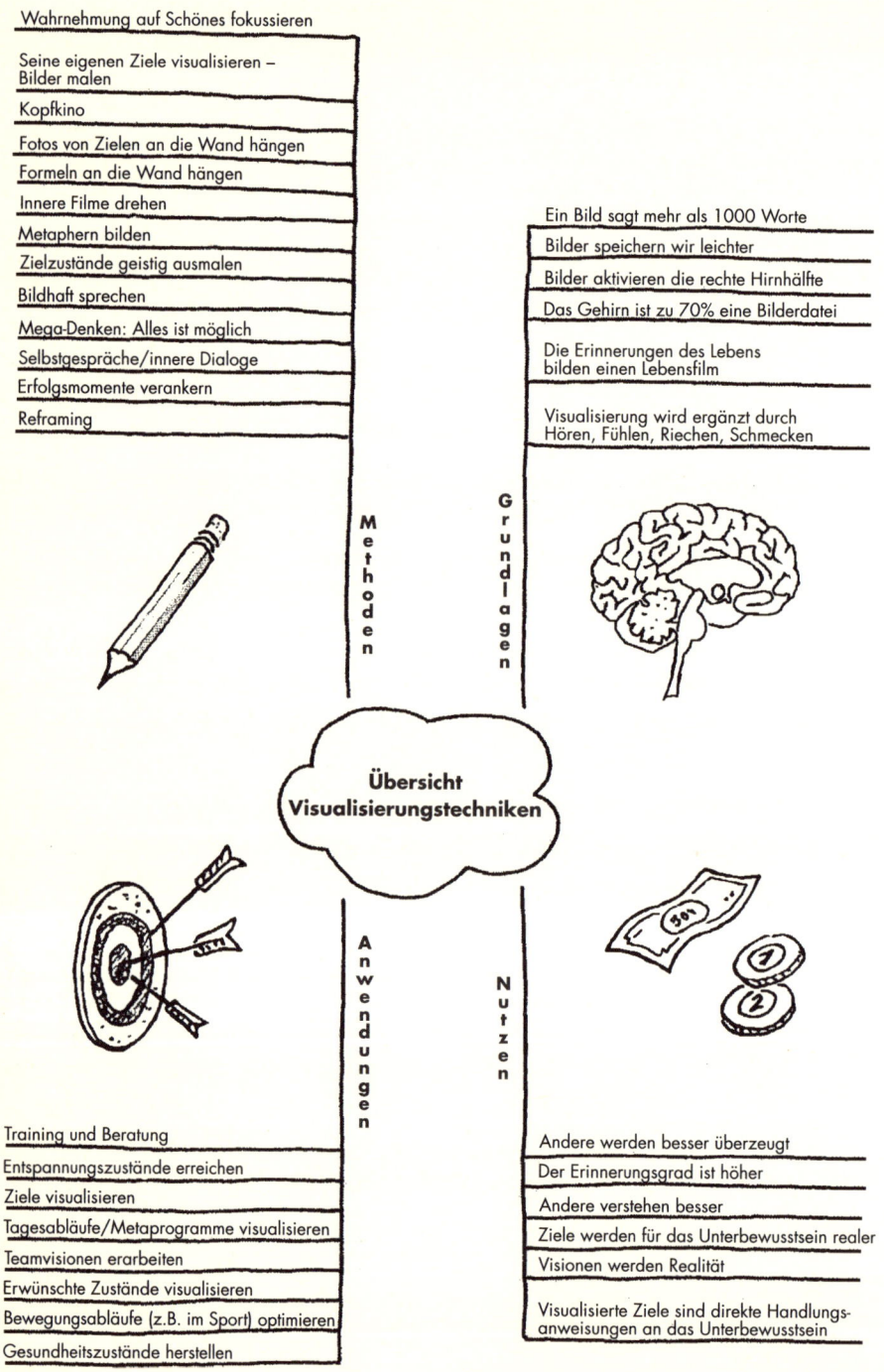

Wahrnehmung auf Schönes fokussieren

Seine eigenen Ziele visualisieren –
Bilder malen

Kopfkino

Fotos von Zielen an die Wand hängen

Formeln an die Wand hängen

Innere Filme drehen

Metaphern bilden

Zielzustände geistig ausmalen

Bildhaft sprechen

Mega-Denken: Alles ist möglich

Selbstgespräche/innere Dialoge

Erfolgsmomente verankern

Reframing

Ein Bild sagt mehr als 1000 Worte

Bilder speichern wir leichter

Bilder aktivieren die rechte Hirnhälfte

Das Gehirn ist zu 70% eine Bilderdatei

Die Erinnerungen des Lebens
bilden einen Lebensfilm

Visualisierung wird ergänzt durch
Hören, Fühlen, Riechen, Schmecken

M e t h o d e n

G r u n d l a g e n

**Übersicht
Visualisierungstechniken**

A n w e n d u n g e n

N u t z e n

Training und Beratung

Entspannungszustände erreichen

Ziele visualisieren

Tagesabläufe/Metaprogramme visualisieren

Teamvisionen erarbeiten

Erwünschte Zustände visualisieren

Bewegungsabläufe (z.B. im Sport) optimieren

Gesundheitszustände herstellen

Andere werden besser überzeugt

Der Erinnerungsgrad ist höher

Andere verstehen besser

Ziele werden für das Unterbewusstsein realer

Visionen werden Realität

Visualisierte Ziele sind direkte Handlungsanweisungen an das Unterbewusstsein

Zum Schluss noch eine Übung, die Ihnen dabei hilft, die Technik des Visualisierens schnell zu erlernen.

Übung 21

Kommen Sie zur Ruhe und konzentrieren Sie sich auf sich selbst. Visualisieren Sie ein persönliches Ziel, eine Vision und dann Ihre Schritte auf dem Weg dorthin. Gestalten Sie dazu einzelne Bilder, die Sie – möglichst kleinteilig – aneinander reihen, bis Sie am Ende ein letztes Zielbild vor sich haben. Reflektieren und nehmen Sie in Ihren inneren Film folgende Aspekte auf:

● Was sehen, hören, fühlen, schmecken und riechen Sie, wenn Sie an Ihre (Teil-)Ziele denken?
● Was erleben Sie, wenn Sie Ihr letztes Zielbild, Ihre konkretisierte Vision sehen?
● Was bewirken die dadurch ausgelösten Gedanken und Gefühle in Ihnen?

Die Wirksamkeit von Formeln und Visualisierungen ist außerordentlich groß. Denn sie wirken wie Befehle an das Gehirn, die angestrebten Zielzustände wirklich zu erreichen und umzusetzen. Anders ausgedrückt: Wirkungsvoll formulierte Formeln und „lebendige" Visualisierungen nutzen in positiver Weise das bekannte Phänomen der sich selbst erfüllenden Prophezeiung (Self-fulfilling Prophecy). Deshalb setzen sie unter anderem Spitzensportler gezielt zur Verbesserung ihrer Leistungen ein.

Lebendige Visualisierungen wirken wie Self-fulfilling Prophecies

---

Auf einen Blick

● Die persönlichen positiven Eigenschaften und Fähigkeiten sind die Ausgangspunkte für effektive Programmierungen mit Nutzen- und Anwendungsketten.
● Mit Formeln lassen sich Misserfolgsfaktoren des Beziehungsmanagements gezielt in positive Faktoren umwandeln.
● Formeln sind kurze Sätze zur Selbstprogrammierung.
● Durch gehirngerechte Formulierung gewinnen Formeln an Wirksamkeit.
● Durch Visualisierungen gewinnen die Formeln an zusätzlicher Kraft und werden für das Gehirn zu Power-Formeln.

Die Macht des gesprochenen Wortes: Machen Sie Ihre Sprache zu einem Feel-Good-Factor

„ … bedenke, womit du es zu tun hast:
mit der Majestät und Großartigkeit der Sprache.
Die größte Gabe, die uns Gott gegeben hat.
Ohne sie würden wir das Herz unseres Nächsten nicht erreichen.
Wir würden keine gemeinsame Welt bewohnen.
Wir wären eingeschlossen in unser armseliges Selbst und
würden als einsame Tiere eine öde Welt durchstreifen."
Professor Higgins zu dem Blumenmädchen Eliza
in „ My Fair Lady"

Die Ziele dieses Kapitels und der Nutzen für Ihr Beziehungsmanagement

In diesem Kapitel erfahren Sie, wie wichtig Ihre Kommunikation für Ihre Wirkung auf andere Menschen ist und dass Sie „nicht *nicht* kommunizieren können" (Paul Watzlawick). Dabei ist Sprache das wichtigste Instrument Ihrer Kommunikation.

Mit den Methoden der effektiven Sprache, der beziehungsgestaltenden Fragen und des effektiven Umgangs mit Einwänden und Kritik lernen Sie Elemente der konstruktiven Kommunikation kennen.

Die Anwendung dieser Methoden nutzt Ihnen dabei, Ihre Kommunikation bewusst so zu gestalten, dass sich andere Menschen im Gespräch mit Ihnen stets respektiert fühlen und Ihre Wertschätzung erfahren.

Elemente der Konstruktiven Kommunikation

Zur Kommunikation, das heißt zur Verständigung zwischen Menschen, gibt es keine Alternative. Alles ist Kommunikation, weil es nahezu unmöglich ist, mit anderen Menschen *nicht* zu kommunizieren. Denn der Mensch ist ein soziales Wesen und kommuniziert deshalb fortwährend mit seinen Mitmen-

Man kann nicht *nicht* kommunizieren

schen. Selbst eine Unterlassung ist eine Kommunikation. Wenn Sie beispielsweise – ohne sich zu entschuldigen – nicht auf die Party Ihres Nachbarn gehen, obwohl Sie persönlich eingeladen wurden, oder wenn Sie nicht zum Betriebsfest erscheinen, dann ist auch dies eine Kommunikation, die von Ihren Freunden oder Kollegen als eine mehr oder weniger wertschätzende Aussage interpretiert wird.

Wenn Sie sich dafür entscheiden, konstruktiv zu kommunizieren, dann akzeptieren Sie erstens die herausragende Bedeutung, die der Kommunikation für den Aufbau zwischenmenschlicher Beziehungen zukommt. Zweitens wählen Sie bewusst eine Methode, die Ihre Sprache und Ihr kommunikatives Verhalten, Ihr Tun und Lassen, so gestaltet, dass Sie mit anderen Menschen dauerhaft gute Beziehungen eingehen *wollen*. Es ist Ihre individuelle, freie Entscheidung, die Kommunikation zu einem wirkungsvollen Instrument Ihres Beziehungsmanagements zu machen.

Wir legen großen Wert auf die Feststellung, dass es sich bei der konstruktiven Kommunikation nicht um eine neue rhetorische Methode handelt. Zwar ist es wichtig, dass Sie Faktoren wie Ihre Stimme, die Modulation, Tonhöhe, Ihre Atmung und auch die non-verbalen Elemente Ihrer Kommunikation, also Ihre Körperhaltung, Ihre Gestik und Mimik üben und verbessern. Dies gilt insbesondere, wenn Sie im Beruf vor Gruppen oder Teams sprechen müssen, wenn Sprechen, Reden und Überzeugen ein Teil Ihrer Führungsaufgabe ist oder Kundengespräche zu Ihrem Beruf gehören. Diese „äußeren" Faktoren der Kommunikation werden in zahlreichen guten Büchern zur Rhetorik umfassend behandelt. Dort finden Sie viele wichtige Anregungen, und im Anhang dieses Buches machen wir Ihnen dazu auch einige Lesevorschläge.

Konstruktive Kommunikation ist mehr als Rhetorik

Weil Sprache die Manifestation, das heißt das Offenbarwerden unseres Denkens und Fühlens ist, kommt es uns hier jedoch besonders auf die „inneren" Faktoren der konstruktiven Kommunikation an. Damit meinen wir die gedanklichen und emotionalen Voraussetzungen Ihrer Kommunikation. Denn es ist Ihr Denken das ihre Sprache prägt – und deshalb über die Qualität Ihrer Beziehungen zu anderen Menschen mitentscheidet. In diesem Sinne bedeutet konstruktive Kommunikation:

Kommunikative Kompetenz besitzt, wer seinem Gesprächspartner in der Kommunikation ein gutes Gefühl und effektives Denken ermöglicht.

Jedes Wort, das wir von einem anderen hören oder auch selber aussprechen, löst bei uns und dem Gesprächspartner positive oder negative Emotionen aus. Folglich ist die Qualität der Kommunikation bestimmend für die Qualität der vermittelten Gefühle.

Jedes Wort löst Emotionen aus

Dabei kommt es in der sprachlichen Kommunikation sehr auf die effektive Sprache an. Im Folgenden stellen wir das Konzept der effektiven Sprache ausführlich dar.

Konstruktive Kommunikation stellt die effektive Sprache in einen größeren kulturellen und sozialen Zusammenhang. Bitte bedenken Sie, dass gleiche Worte etwa in verschiedenen Ländern, sogar in verschiedenen Regionen ein und desselben Landes mit verschiedenen sprachlichen Färbungen ganz unterschiedliche Bedeutung haben können. Das Wort „heikel" zum Beispiel benutzt man im Hochdeutschen für „bedenklich" oder „peinlich". Im Süddeutschen, vor allem im Schwäbischen, meint „heikel" jedoch „wählerisch sein" – vor allem beim Essen. „Sei nicht so heikel" heißt dementsprechend: „Sei nicht so wählerisch". In der englischen Sprache kennen wir das Wörtchen „bad" als Begriff für „schlecht". Nun führt der amerikanische Jugend-Slang zu einer völligen Umdeutung dieses Begriffs, so dass nicht nur der Pop-Star Michael Jackson einen seiner großen Hits „Bad" betiteln konnte – und damit „Klasse! Großartig" meinte, sondern dass man mit jungen amerikanischen Freunden beim Besuch eines tollen Rock-Konzerts voller Bewunderung „Oh yeah, that is really bad!" ausrufen kann.

Konstruktive Kommunikation stellt sich auf diese kulturellen und von den jeweiligen Situationen der Kommunikation abhängigen Bedingungen ein. Sie reflektiert ganz bewusst, dass es diese Besonderheiten gibt und nutzt sie, um anderen ein positives Gefühl zu vermitteln.

Konstruktive Kommunikation braucht Reflexion

Um die konstruktive Kommunikation für Ihr Beziehungsmanagement wirksam einzusetzen, können Sie zunächst verinnerlichen, dass Sie nur zehn Prozent dessen, was Sie wahrnehmen, beobachten, denken und fühlen, in sprachliche Kommunikation umsetzen. Anders ausgedrückt: Ihre sprachliche Kommunikation dürfen Sie sich wie einen Eisberg vorstellen, bei dem nur zehn Prozent über der Wasseroberfläche sichtbar sind – und 90 Prozent unter Wasser liegen.

Das Eisberg-Modell der Kommunikation

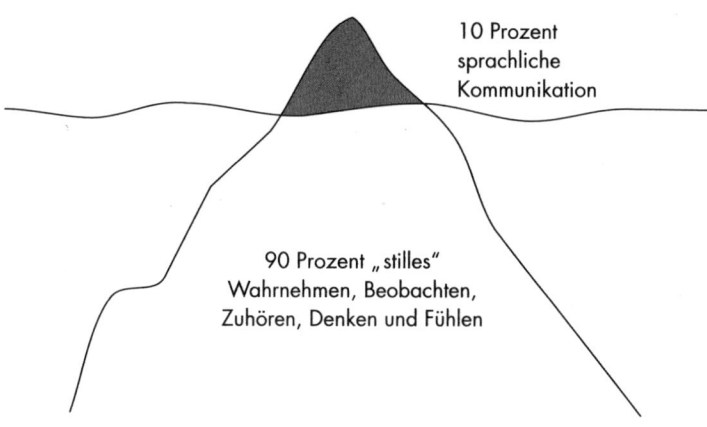

10 Prozent
sprachliche
Kommunikation

90 Prozent „stilles"
Wahrnehmen, Beobachten,
Zuhören, Denken und Fühlen

Zu den 90 Prozent „unter der Wasseroberfläche" gehören selbstverständlich auch die auf Ihre Umwelt und Ihre Mitmenschen bezogenen inneren Dialoge, Ihre Vorbereitung auf das, was Sie gleich sagen wollen, Ihre innere Einstimmung auf Ihren nächsten Kunden oder auf Ihre Familie beim Weg vom Arbeitsplatz nach Hause.

Zugang zum Eisberg „unter der Wasseroberfläche" finden Sie beispielsweise, indem Sie in Gesprächssituationen Ihre Selbstbeobachtung ganz bewusst auf das richten, was in Ihnen beim Zuhören vorgeht. Achten Sie darauf, welche Gefühle das gerade Gehörte in Ihnen auslöst; nehmen Sie bewusst wahr, mit welchen spontanen Gedanken und Ideen Sie auf die Aussagen Ihres Gegenüber reagieren und beobachten Sie auch, wie sich beim Zuhören eigene Gedanken entwickeln und verfestigen.

Zugang zum „Eisberg unter Wasser"

Sehr gute Gelegenheiten, den eigenen Eisberg „unter der Wasseroberfläche" zu erkunden, sind Situationen, in denen Sie nicht unbedingt selbst zum Gespräch beitragen müssen. Lehnen Sie sich im Kreise von Freunden oder auch bei einem Gruppenmeeting einmal ganz bewusst zurück, und nehmen Sie konzentriert wahr, wie Ihre innere Stimme auf die Gespräche oder Diskussionen reagiert. Welches Argument hätten Sie jetzt gerade angebracht? Wie hätten Sie Ihren Gesprächsbeitrag geliefert – entschlossener, nachdenklicher, mit freundlicher Stimme, bestimmter? Wenn Sie dies einige Male geübt haben, können Sie auch im Dialog und in Situationen, in denen Ihr Gesprächsbeitrag erwartet wird beziehungsweise erforderlich ist, die 90 Prozent des Eisbergs effektiver nutzen. Schon während des Gesprächs nehmen Sie dann mit geschärften Sinnen die Stimmung, Wortwahl, Gestik und Mimik Ihres Gegenüber wahr. Das erleichtert es Ihnen, aus den verschiedenen Möglichkeiten Ihrer Reaktion die angemessene auszuwählen.

Bevor wir Ihnen im folgenden die Methoden der effektiven Sprache, der beziehungsgestaltenden Fragetechniken und des effektiven Umgangs mit Einwänden als Elemente der konstruktiven Kommunikation vorstellen, möchten wir Ihnen noch einen zentralen Grundsatz nahe bringen,

Konstruktive Kommunikation braucht Zeit und Geduld

der wie kaum ein zweiter den Erfolg Ihres Beziehungsmanagements beeinflusst:

Nehmen Sie sich die Zeit, Ihrem Gesprächspartner zuzuhören, bis er ausgeredet hat, und bewahren Sie sich die Ruhe eines Atemzuges, bevor Sie antworten und reflektiert reagieren.

Sicher haben Sie schon häufig bei anderen erlebt – und auch an sich selbst beobachtet –, dass wir alle eine große Neigung haben, die Sätze unserer Gesprächspartner zu beenden: „Ja, ja das kenne ich …", „Genauso ist es mir neulich ergangen …", „Das erinnert mich an …" wenden wir ein, noch bevor der andere seinen Gedanken vervollständigen kann. Selbst wenn sie in unterstützender und zustimmender Form daherkommen – solche Unterbrechungen sind in zweifacher Hinsicht negative Signale:
● Wir finden unsere Geschichte offenbar wichtiger als seine.
● Wir sind in Eile, wollen Tempo machen, schnell vorankommen.

Wertschätzung und Anerkennung bringen Sie jedoch vor allem dadurch zum Ausdruck, dass Sie ein guter Zuhörer sind, der Zeit und Ruhe hat, seinen Gesprächspartner ausreden zu lassen. Beobachten Sie einmal an sich selbst, wie Sie sich fühlen, wenn Ihr Gegenüber Sie unterbricht, Ihre Sätze beendet

Lernen Sie, ein guter Zuhörer zu sein

und jede Gelegenheit nutzt, von Ihrer Erzählung zu seiner eigenen überzugehen.

Geben Sie deshalb Ihren Mitmenschen die Chance, ihre Gedanken, Geschichten, Argumente auszuführen – und lassen Sie sich mit Ihrer Reaktion ruhig die Zeit, die es für einen Atemzug braucht. Ein kurzer Moment nur – aber Ihre Gespräche verlaufen dann ohne Druck in entspannter Atmosphäre, die alle Beteiligten als wohltuend empfinden.

Effektive Sprache

„Das Sprechen ist eben nicht etwas,
was zum geistigen, lebendigen Sein hinzukommt,
sondern wir existieren im Wort, im Gespräch,
also auf den anderen hin und
aus der umfangenden Gemeinsamkeit des Lebens heraus ...
Jedes Wort hinterlässt seine Spuren im lebendigen Sein."
Romano Guardini „Vom Sinn der Gemeinschaft"

Sprache ist das wichtigste Instrument der Kommunikation. Ihre Qualität trägt entscheidend zu unserem beruflichen und privaten Erfolg, zu unserem Wohlbefinden und auch zu unserer Gesundheit bei. Worte können verletzen, wie Waffen wirken, aber eben auch Balsam für die Seele sein, andere Menschen aufbauen und am Anfang einer großen Liebe stehen.

Unser Gehirn macht es uns nicht immer einfach, „die richtigen Worte zu finden". Denn – wie wir gesehen haben – ist unser „Steinzeitgehirn" auf Negatives und auf Störungen ausgerichtet: Wir nehmen eher Dinge wahr, die uns stören, und sprechen folglich auch häufiger über Negatives und Probleme.

Die Kunst, richtige Worte zu finden

Selbst wenn Sie es gut meinen: Kommunikation über Negatives löst bei Ihrem Gesprächspartner – und auch bei Ihnen selbst – negative Emotionen aus. Stellen Sie sich vor, Sie brechen an einem sonnigen Frühlingstag zu einem Spaziergang auf und Ihr Partner sagt in bester Absicht: „Wie schön, dass wir heute nicht ins Büro müssen!" Unwillkürlich entsteht in Ihrem Gehirn das Bild Ihres Arbeitsplatzes – möglicherweise denken Sie spontan an unerledigte Aufgaben oder an schwierige Entscheidungen, die in Kürze zu treffen sind. Und selbst wenn es an Ihrem Arbeitsplatz keine negativen Situationen gibt, verlassen Sie mit dem Gedanken an das Büro den Genuss des Augenblicks und vergegenwärtigen plötzlich: „Ach ja, morgen um 8 Uhr geht's wieder los!" Ihr Denken kann dadurch eine auf Störungen fokussierte Richtung bekommen – obwohl es doch der Sonnenschein und die frische Luft waren, die Sie in beste Stimmung versetzten.

Negativen Sprachgebrauch bewusst überwinden

In zahlreichen unserer sprachlichen Gewohnheiten arbeiten wir mit negativen Wendungen, die wir vielfach schon gar nicht mehr reflektieren. Gehören Sie vielleicht auch zu den Menschen, die – wenn Ihnen jemand für eine Leistung oder eine Hilfestellung dankt – mit „Kein Problem!" antworten? „Danke, dass du mich nach Hause gefahren hast?" „Kein Problem!" Da wäre eine mögliche positive Antwort doch viel charmanter und treffender: „Bitte, gern geschehen!" oder „Es war mir eine Freude!"

Es ist die Summe solcher unreflektierten negativen Gewohnheiten, die unsere Sprache ineffektiv macht und uns selbst und anderen die Chance verbaut, sich im Gespräch hundertprozentig angenehm zu fühlen.

Testen Sie in der folgenden Übung einmal, wie die unten aufgeführten Worte und Sprachtechniken emotional auf Sie wirken.

Übung 22

Welche der aufgeführten Begriffe wirken auf Sie eher positiv und welche eher negativ? Sie können die emotionalen Wirkungen auf Sie durch „+" und „-" Zeichen neben den Worten und Sprachtechniken vermerken. Gibt es Begriffe, die eher neutral auf Sie wirken? Dann schreiben Sie einfach eine kleine „0" daneben.

Anerkennung	Lob
Anweisung	Macht
Aufwertung	Motivation
Behauptung	Müssen
Bestätigung	Nutzen
Bitten	Recht haben
Defizite	Rechtfertigung
Dürfen	Schmeicheln
Einfluss	Unterstellung
Entschuldigung	Vorschrift
Fehler	Was ist das Problem?
Fragen	Welche Lösung ist gut?
Herausforderung	Wo liegen die Vorteile?
Ironie	Wollen
Kompliment	Ziele
Kosten	Zuhören
Kritik	Zynismus
Leistung	

Üben Sie nun, einige der „klassischen" negativen Wendungen, die wir täglich gebrauchen, ins Positive zu wenden. Ein Beispiel haben wir Ihnen schon gegeben – und zwei weitere fügen wir noch hinzu.

 Übung 23

Notieren Sie zu den Negativformulierungen je ein oder zwei positive Wendungen.

Das ist leider unmöglich!	Ich empfehle folgende Lösung ...
Dafür habe ich jetzt keine Zeit!	Ich nehme mich Ihrer Angelegenheit gerne gleich/in zwei Stunden/ (zu einem bestimmten Zeitpunkt) an.

Ich weiß nicht ...
Das ist falsch ...
Wir müssen ...
Nicht schlecht!
Es gibt da ein Problem ...
Ist Ihnen das nicht klar ...
Dazu muss man vorher ...
Was haben Sie sich nur dabei gedacht ...
So kann man das nicht sagen ...
Es gibt keine Alternative ...

Die deutsche Sprache bietet Ihnen eine ganze Reihe Möglichkeiten, auch die positivste Aussage in negativer Form auszudrücken. Denken Sie beispielsweise an die doppelte Negation und ihre Variationen: „Er betrachtete seine Arbeit nicht ohne Bewunderung", „Niemand konnte seine Leistung übersehen" etc. Davon abgesehen, dass Ihr Gehirn eine Entschlüsselung leisten muss, die leicht zu Missverständnissen führen kann, gibt es in Deutschland auch zahlreiche Dialekte und sprachliche Färbungen, in denen die doppelte Negation als Bekräftigung der Verneinung gemeint ist. Das macht die Sache vollends verwirrend. Ganz konkret: „I hoab ka Geld net" bedeutet in Bayern schlicht und ergreifend, dass ein Mensch keinen Cent mehr in der Tasche hat.

Den Irrungen und Wirrungen der negativen Kommunikation erliegen übrigens auch Sprachprofis. Die beiden amerikanischen Psychologen und Bestseller-Autoren Richard Carlson und Joseph Bailey haben vor wenigen Jahren ein sehr interessantes Buch mit dem Titel „*Slowing Down to the Speed of Life – How to create a more peaceful, simpler life from the inside out*" veröffentlicht. Dieses wunderbare Werk zeigt dem Leser, wie er durch größere Gelassenheit ein besseres, glücklicheres Leben führen kann. Die deutsche Ausgabe des Buches hätte der Verlag vielleicht mit „Erfolgreich zur Ruhe kommen" übersetzen können. Etwas abstrakter wäre „Im Einklang mit dem Tempo des Lebens" gewesen. Der Titel, den der deutsche Verleger tatsächlich wählte: *Reg' dich nicht auf!"*

Effektive Sprache bedeutet, auf negative Aussagen weitgehend zu verzichten und positive Formulierungen zu benutzen, die Ihnen selbst und Ihrem Gesprächspartner emotionales Wohlbefinden ermöglichen. Und dazu gehört auch, Ihre Gesprächsstrategie so einzurichten, dass Sie bewusst effektive Formulierungen wählen. Konkret bedeutet das:

Gesprächsstrategien planen und gezielt anwenden

- Wer über Lösungen statt über Probleme spricht, findet viele positive Aspekte und Worte. Zudem setzt er seine Energien für sinnvolles und zielgerichtetes Handeln ein.
- Wer Wünsche statt Kritik formuliert, befreit seinen Gesprächspartner von dem Gefühl angegriffen zu werden.
- Wer fragt statt zu behaupten, eröffnet die Chance zum echten Dialog.

Übung 24

Prüfen Sie bitte anhand der folgenden Skalen Ihr eigenes kommunikatives Verhalten und markieren Sie Ihre individuellen Kommunikations-Werte in der Bandbreite zwischen –5 bis +5.

In der Kommunikation mit anderen spreche ich an:

Probleme	–5	0	+5 Lösungen
Unangenehmes	–5	0	+5 Angenehmes
Trennendes	–5	0	+5 Gemeinsamkeiten
Nachteile einer Sache/Situation	–5	0	+5 Vorteile

In der Kommunikation vermittle ich meinen Gegenüber ein Gefühl von:

Abwertung/Ohnmacht	–5	0	+5 Wertschätzung/Einfluss
Antipathie	–5	0	+5 Sympathie
Ablehnung	–5	0	+5 Zustimmung

In der Kommunikation mit anderen stelle ich

Behauptungen auf	–5	0	+5 Fragen zum Thema
übe ich Kritik	–5	0	+5 gebe Anerkennung

Möglicherweise empfanden Sie den ersten Versuch, sich selbst in Ihrem Gesprächsverhalten zu beurteilen, noch als sehr herausfordernd. Dann wiederholen Sie einfach diese Selbsteinschätzung nach einiger Zeit – und nutzen Sie in der Zwischenzeit Ihren Eisberg „unter der Wasseroberfläche", um die oben dargestellten Verhaltensweisen zu reflektieren.

Ein weiteres wichtiges Element der effektiven Sprache ist die Konzentration auf das Sprechen in der Ich-Form. Anders ausgedrückt:

Der bedeutende Unterschied zwischen Ich- und Du-Kommunikation

Machen Sie auch in Ihrer Sprache deutlich, dass die Sachverhalte und Situationen, die Sie ansprechen, sich Ihnen so darstellen, wie sie Sie formulieren – und dass dies keineswegs Aussagen über irgendeine objektive Wirklichkeit sind: „Das hast du falsch gemacht" ist eine Aussage über einen anderen Menschen, die Sie machen, weil Sie das Verhalten Ihres Gegenüber so wahrnehmen und beurteilen. Hat Ihr Partner oder Arbeitskollege wirklich einen Fehler gemacht; sind Sie sicher, dass Ihre Wahrnehmung korrekt ist? „Ich habe noch weitere Ideen zu deiner Lösung" wäre eine Form der effektiven Sprache und konstruktiven Kommunikation, die

- erstens negative Begriffe (falsch/Fehler) vermeidet,
- zweitens die eigene Wahrnehmung („Ich habe noch ...") betont,
- drittens eine mögliche Lösung statt des Problems thematisiert.

Die Du-Kommunikation ist eine der herausforderndsten Gewohnheiten unseres Sprachverhalten. Formulierungen wie

- „Du hast gesagt ..." statt „Ich habe verstanden, dass du meintest ...";
- „Du wolltest doch ..." statt „Ich hatte den Eindruck, dass Du Dir wünschtest ..." etc.

sind in vielen Fällen der Ausgangspunkt eines ernsten Konfliktes. Möglicherweise sind es Missverständnisse, die erst durch ineffektive Sprache entstehen. Doch ihre negativen Auswirkungen sind uns allen aus unserem täglichen privaten und beruflichen Leben bekannt.

Vielleicht stellen Sie sich nun die Frage, ob es wirklich *immer* möglich ist, negative Kommunikation zu vermeiden, positiv zu sprechen und zu formulieren?

Klarheit ist wichtig!

Darf etwa das Wort „Nein" nicht mehr fallen? In der konstruktiven Kommunikation gibt es durchaus einen Platz für negative Worte, für Nein, für Ablehnung und Zurückweisung. Denn konstruktive Kommunikation steht auch für Klarheit im Umgang mit anderen Menschen. Wenn wir etwa hören, dass jemand sich menschenverachtend, rassistisch, intolerant oder sonst wie abwertend oder beleidigend äußert, dann ist es sehr wohl angebracht, vielfach sogar geboten „Nein" zu sagen, die Auffassung eines anderen Menschen abzulehnen und ihm zu widersprechen.

Gelegentlich wird es Ihre Absicht sein, mit Ihrer Sprache ein emotional deutlich negatives Signal an Ihren Gegenüber auszusenden, weil Sie sich etwa bewusst dafür entschieden haben, eine Beziehung zu beenden. Dann gehört zur inhaltlichen Klarheit der effektiven Sprache auch das deutlich vernehmbare „Nein". Doch solche Situationen und Anlässe sind die Ausnahme. Effektive Sprache als Mittel der konstruktiven Kommunikation zeichnet sich durch die Verwendung einer positiven Sprache in allen Situationen aus, in denen es uns wertvoll und wichtig ist, gute Beziehungen zu anderen Menschen aufzubauen oder zu pflegen. Deshalb ist effektive Sprache in den allermeisten Fällen emotional positiv. Sie ist nur dann emotional negativ, wenn Sie die reflektierte Entscheidung getroffen haben, eine deutliche Ablehnung zum Ausdruck zu bringen – und sich der möglichen Folgen für eine Beziehung bewusst sind und zudem bereit sind, diese Folgen zu tragen.

Eindeutiges „Nein" als bewusstes Signal

Auf einen Blick

- Effektive Sprache bedient sich positiver Worte und Bilder, die bei Ihnen selbst und Ihrem Gesprächspartner positive Emotionen auslösen.
- Lösungen, Gemeinsamkeiten, Anerkennung, Wünsche etc. stehen im Mittelpunkt der Kommunikation, weil sie den Weg zur positiven Sprache ebnen.
- Ich-Kommunikation schafft Klarheit; Du-Kommunikation belastet Beziehungen.
- Effektive Sprache ist inhaltlich eindeutig und klar. Sie ist bewusst, reflektiert sowie lösungs- und zielorientiert. Das gilt auch für negative Sprache, die so selten wie nötig eingesetzt wird.

Beziehungsgestaltende Fragen

Der griechische Philosoph Sokrates, Lehrer des Platon, ist für seine besondere Fragekunst bekannt. Seine Methode war es, durch Fragen im Dialog die „Wahrheit" aus dem Gesprächspartner gleichsam „herauszuholen". Deshalb bezeichnet man diese Methode auch als Hebammenkunst. Die Wahrheit, so nahm Sokrates an, liege bereits „im" Gesprächspartner, ist ihm aber noch nicht bewusst. Durch das geschickte Fragen kommt diese Wahrheit nun dem Gegenüber ins Bewusstsein.

Sokratische Hebammenkunst

Wir können gewiss sein, dass Sokrates sich auch deshalb im Kreise seiner Mitmenschen und Schüler so großer Beliebtheit und Anerkennung erfreute, weil er mit dieser Methode des Fragens ein Grundprinzip der konstruktiven, beziehungsfördernden Kommunikation praktizierte: Nicht sein eigenes Wissen, seine eigene Klugheit standen im Mittelpunkt des Dialogs, sondern sein Gesprächspartner und dessen Gedanken, Ideen und Wahrheiten. Und Sokrates trug durch seine Fragen dazu bei, die positivsten inneren Seiten eines Menschen, seine Wahrheiten, ans Tageslicht des Bewusstseins zu bringen. Sokrates wertete mit seinen Fragen andere Menschen auf; er half Ihnen, klüger, reifer und weiser zu werden.

Deshalb können wir von der sokratischen „Hebammenkunst" vieles lernen. Auch wenn wir heute eine andere Absicht haben, als unserem Gesprächspartner dabei zu helfen, philosophische Wahrheiten in sich

Die Werte anderer Menschen besser verstehen

selbst zu finden, so haben wir mit der Methode der beziehungsgestaltenden Fragen doch eine sehr effektive Möglichkeit, unser Beziehungsmanagement aktiv zu verbessern. Wir haben die Chance zu erfahren, was anderen Menschen wertvoll und wichtig ist; wir lernen ihr Wertesystem besser zu verstehen. Und dies ist eine entscheidende Voraussetzung dafür, genau das in unserer Kommunikation aufzuwerten, was im Wertesystem unseres Gesprächspartners eine zentrale Rolle spielt.

Fragearten

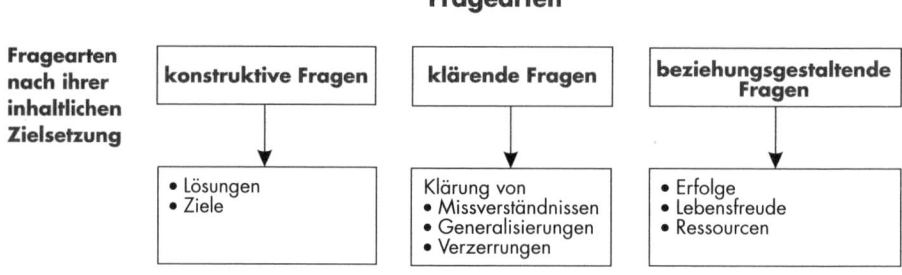

Konstruktive Fragen beziehen sich auf Lösungen und Ziele und bereiten so praktisches Handeln vor; sie zielen auf Aktion.

Klärende Fragen bereinigen Missverständnisse, sind Nachfragen zum besseren Verständnis, wollen Abstraktes anschaulicher und besser begreifbar machen. Klärende Fragen zielen auf das Verstehen.

Beziehungsgestaltende Fragen zielen auf die Emotionen Ihres Gesprächspartners; sie tragen dazu bei, sein Selbstwertgefühl zu stärken, gut gelaunt und heiter zu sein, positive Erinnerungen wachzurufen und so die Gesprächsstimmung günstig zu gestalten. Beziehungsgestaltende Fragen sind Ausdruck der Wertschätzung und Sympathie.

Schauen Sie sich einmal die folgenden Beispiele von beziehungsgestaltenden Fragen genauer an, die auf Erfolg, Spaß und Ressourcen Ihres Gesprächspartners abzielen.

Erfolgsfragen

- Was lief heute gut bei Ihnen?
- Was hat heute gut funktioniert?
- Womit sind Sie augenblicklich besonders zufrieden?
- Worauf sind Sie stolz?
- Was haben Sie getan, um Ihre Erfolge zu erreichen?

Spaßfragen

- Was genießen Sie in Ihrem Leben am meisten?
- Was macht Ihnen großen Spaß?
- Womit verbringen Sie am liebsten Ihre Freizeit?
- Welche schönen Situationen/Ereignisse, die Sie in vollen Zügen genossen haben, erinnern Sie am liebsten?

Ressourcenfragen

- Was gibt Ihnen Kraft?
- Was baut Sie auf?
- Was finden Sie momentan in Ihrem Leben am interessantesten?

Wahrscheinlich ist Ihnen aufgefallen, dass es sich bei diesen beziehungsgestaltenden Fragen um offene Fragen handelt. Dies sind Fragen, die Ihren Gesprächspartner – anders als die geschlossenen Fragen – nicht auf die Antwort „Ja" oder „Nein" einschränken. Vielmehr geben Sie mit offenen beziehungsgestaltenden Fragen einen wirklichen Anstoß dazu, ein Gefühl zu beschreiben, eine Erinnerung wachzurufen oder eine Idee zu entwickeln – und diesen Gedanken sprachlich auszuführen.

Offene Fragen bringen Dialoge in Gang

Dabei lenken die Erfolgsfragen die Aufmerksamkeit Ihres Gesprächspartners auf das bisher Erreichte und seine Leistungen, die bei ihm positive Gefühle auslösen. Spaßfragen aktivieren die Erinnerung an erfreuliche, angenehme Situationen, in denen man ausgelassen lebte oder arbeitete. Ressourcenfragen schließlich lenken die Aufmerksamkeit und das Denken auf die eigenen Stärken, die Leistungspotentiale und Fähigkeiten.

In allen drei Fällen der beziehungsgestaltenden Fragen bringen Sie als Fragesteller Ihrem Gesprächspartner ein besonderes Maß an Interesse und Aufmerksamkeit entgegen, die er wahrnimmt und als positives Gefühl mit Ihrer Person verbindet. Sein Gespräch mit Ihnen wird ihm schon deshalb in guter Erinnerung bleiben, weil Sie durch beziehungsgestaltende Fragen bei ihm den Anstoß dazu geben, sich in eine positive Stimmung zu versetzen.

Interesse und Aufmerksamkeit signalisieren!

Auch bei der Methode der beziehungsgestaltenden Fragen kann es vorkommen, dass Sie die Anwendung in der Praxis als herausfordernd empfinden. Dafür gibt es einige leicht erklärbare Gründe.

Erstens empfinden Sie es vielleicht als Herausforderung, einen Gesprächseinstieg über beziehungsgestaltende Fragen zu finden. Es erscheint Ihnen vielleicht als aufdringlich oder unangemessen, Menschen direkt darauf anzusprechen, was heute bei ihnen gut gelaufen ist oder was sie im Augenblick besonders zufrieden macht. Probieren Sie es daher zunächst an sich selbst aus und beobachten Sie sich: Jeder spricht gerne über Dinge und Ereignisse, die ihm positive Emotionen wie Freude oder Stolz vermitteln. Sobald Sie durch entsprechende Fragen die „Erlaubnis" dazu bekommen und spüren, dass Ihr Gesprächspartner ein ehrliches Interesse an Ihren Erfolgen, positiven Erinnerungen und Ressourcen hat, macht es Ihnen Spaß darüber zu sprechen. Genauso ergeht es anderen Menschen, wenn Sie beziehungsgestaltende Fragen aktiv einsetzen.

Überwinden Sie beim Fragen Ihre natürliche Zurückhaltung

Zweitens werden Sie feststellen, dass – in dem Augenblick, indem Ihr Gegenüber über Positives spricht – Sie sich selbst an schöne Ereignisse und Erfolge erinnern. Die Versuchung ist dann groß, nun über die eigenen Erlebnisse zu berichten. Sie sollten dieser Versuchung widerstehen. Denn dies könnte negativ aufgenommen werden: Es geht in erster Linie darum, dass Sie Ihrem Gesprächspartner die Chance eröffnen, sich durch seine Erzählung in eine positive Stimmung zu versetzen. Seine Erfolge zählen; Ihre sind zunächst zweitrangig. Seien Sie sich aber sicher: Ein Gesprächspartner, der von Ihnen durch beziehungsgestaltende Fragen positiv eingestimmt wurde, wird Ihnen recht bald in gleicher Weise die Chance geben, über Ihre eigenen Erfolge und Leistungen zu sprechen.

Drittens könnten Sie im Laufe des Gesprächs den Eindruck gewinnen, dass Ihr Gegenüber mit seinen Erfolgsgeschichten sich selbst in einer Weise aufwertet, die Sie wiederum als persönliche Abwertung empfinden. Und dies, obwohl Sie durch Ihre Fragen den Anstoß für seine Erzählungen gegeben haben. Hier hilft Ihnen der Gedanke daran, dass Sie durch den Einsatz der Fragen sich selbst eine große Kompetenz im Beziehungsmanagement demonstrieren: Sie sind ein aktiver Beziehungsmanager – ein Gedanke, der es Ihnen leicht macht, sich selbst wertzuschätzen und gut zu fühlen.

Auf einen Blick

- Beziehungsgestaltende Fragen eröffnen Ihrem Gesprächspartner die Chance, sich durch die Erinnerung an seine Erfolge, Leistungen, positiven Erlebnisse in eine gute Stimmung zu versetzen.
- Diese positiven Emotionen bringt Ihr Gegenüber in seiner Erinnerung direkt mit Ihrer Person in Verbindung.
- Sie selbst fühlen sich gut, weil Sie sich selbst Ihre Kompetenz als aktiver Beziehungsmanager demonstrieren.
- Ihre Ausstrahlung verbessert sich, weil Sie selbst durch positive Kommunikation eine gute Stimmung erreichen.
- Ein positiver Begleiteffekt der Kommunikation mit beziehungsgestaltenden Fragen: Sie lernen viel Wissenswertes über die Erfolgsstrategien anderer Menschen.

Effektiver Umgang mit Einwänden und Kritik

Kritische Einwände eines Gesprächspartners sind in der Regel keine bösartigen Angriffe gegen uns, sondern haben ihre vielfältigen Ursachen oft im Gesprächspartner selbst. So können Einwände und Kritik

- aus einer vom Gesprächspartner wahrgenommenen Ohnmacht oder Abwertung resultieren;
- sein Bedürfnis nach
  - Klarheit,
  - Sicherheit,
  - Anerkennung oder
  - Einfluss verdeutlichen;
- das Interesse des Zuhörers am Thema ausdrücken;
- die Loyalität des Zuhörers demonstrieren;

- wertvolle Informationen über Gedanken und Einstellungen des Gegenüber transportieren;
- wertvolle sachliche Hinweise bieten;
- zeigen, dass der Gesprächspartner ehrlich ist.

Wenn Sie sich diese Möglichkeiten bewusst machen, können Sie mit „Störungen" durch Kritik und Einwände besser umgehen. Denn Sie brauchen sie nicht länger „persönlich" zu nehmen. Entkoppeln Sie sich als Person vom Einwand – eine mentale Übung, die Sie ruhig und gelassen werden lässt: „Wenn andere eine andere Meinung haben als ich, ist dies nicht gegen mich persönlich gerichtet, sondern ich finde heraus, welches Bedürfnis, welche Logik, welcher Wert meines Gesprächspartners mit der Kritik verbunden ist."

Nehmen Sie Kritik als Chance wahr

Diese Mentale Strategie stellen wir an den Anfang eines Denk- und Verhaltensleitfadens zum effektiven Umgang mit Einwänden.

Die kommunikative Strategie, die diesem Leitfaden zugrunde liegt, möchten wir Ihnen etwas ausführlicher erläutern.

Beginnen Sie die Behandlung eines Einwandes mit der oben beschriebenen Mentalen Strategie: Entkoppeln Sie Kritik von Ihrer Person, und gewinnen Sie so die Ruhe und Gelassenheit, um auf jeden Einwand und jede Kritik wertschätzend zu reagieren. Suchen Sie nach den Gemeinsamkeiten zwischen Ihrer inhaltlichen Position und der vorgetragenen Kritik. Arbeiten Sie diese Gemeinsamkeiten heraus und betonen Sie sie ausdrücklich.

Entkoppeln Sie Einwände von Ihrer Person

Erst dann ist es sinnvoll, sich den unterschiedlichen Standpunkten zuzuwenden und die wichtige Frage zu klären: Passt die Frage, der Einwand, die Kritik zum Thema? Beantworten Sie Fragen, deren Aufklärung Ihren Zuhörern ein besseres Verständnis ermöglichen, sofort. Handelt es sich um Fragen, die nicht zum Thema passen, dann bitten Sie Ihren Gesprächspartner darum, die Beantwortung zurückzustellen – beispielsweise bis zum Ende Ihrer Ausführungen.

Nachfragen bringt Klarheit

Besonders hilfreich ist es, durch klärende Fragen den Inhalt des Einwandes oder der Kritik zu konkretisieren. Dazu einige Beispiele:

Einwand	klärende Frage
„So kann man das nicht machen!"	„Was genau kann man so nicht machen?"
„Ihre Argumente müssen Sie stärker präzisieren!"	„Wie genau soll ich sie präziser machen? Zu welchem meiner Argumente wünschen Sie sich eine Präzisierung?"
„Das alte Produkt war aber besser!"	„Welche Produktmerkmale genau sprechen Sie an? Besser im Vergleich wozu? Zum neuen? Zum Produkt des Mitbewerbers?"
„Ich weiß, dass Sie damit nicht einverstanden sind!"	„Woher genau wissen Sie das?"
„Ich kann mir nicht erlauben, dies zu tun!"	„Was würde passieren, wenn du es tätest?"

Ist Ihnen durch klärende Fragen der Inhalt einer Kritik oder eines Einwandes klarer geworden, können Sie sich nun Ihrer Antwort und Argumentation zuwenden. Bitte beachten Sie beim Umgang mit Einwänden auch die Grundsätze der effektiven Sprache: Verwenden Sie positive Formulierungen und werten Sie durch Ihre Antworten Ihr Gegenüber auf; zeigen Sie Respekt und Verständnis für den Einwand oder die Position des anderen; vermeiden Sie Ironie oder Sarkasmus und machen Sie keine Scherze zu Lasten anderer. Sie können mit den Methoden der effektiven Sprache Ihre Positionen eindeutig und klar vertreten, ohne andere abzuwerten oder das Gesprächsklima zu belasten.

Mit Respekt und Verständnis reagieren

Erkennen Sie, wo immer möglich, das hinter einem Einwand oder einer Kritik liegende Bedürfnis Ihres Gesprächspartners: Was ist sein Ziel? Welches Problem möchte er lösen?

Dabei helfen Ihnen besonders die konstruktiven Fragen, die problemlösend und zielgerichtet sind.

Problemlösende Fragen

- Was können wir tun, um die Situation zu ändern?
- Wie können wir das Beste aus der Situation machen?
- Welche Lösungen bieten sich an?
- Wann wären Sie zufrieden?

Durch derartige Fragen erreichen Sie, dass sich das Denken Ihres Gesprächs-partners aus dem Problem-Modus löst und in den Lösungs-Modus bewegt.

Zielgerichtete Fragen

- Was genau ist Ihr Ziel?
- Was möchten Sie erreichen?
- Was ist das bestmögliche Ergebnis, das Sie sich vorstellen können?

Diese Fragen tragen dazu bei, Absichten genauer kennen zu lernen und Ziel-konflikte zu vermeiden. Und ebenso wie die problemlösenden Fragen sind auch die zielgerichteten Fragen bestens dazu geeignet, Ihr Gegenüber auf Ak-tion und gemeinsames Handeln einzustimmen.

Auf einen Blick

- Positiv gerichtete Fragen steuern die Gedanken und das Wohlbefinden Ihres Ge-sprächspartners.
- Fragen drücken Interesse am Gesprächspartner und dadurch Wertschätzung sei-ner Person aus; dies wird als Anerkennung und Aufwertung empfunden.
- Fragen eines anderen Menschen geben wesentliche Informationen über Interes-sen, Einstellungen und Werte des Gesprächspartners.
- Konstruktiv, positiv und lösungsorientiert formulierte Fragen bringen die Gedan-ken des Gesprächspartners ebenso wie die des Fragenden in einen Lösungs- und Zielmodus.

Mit dem Nutzen argumentieren

Am Ende der Beschäftigung mit einem Einwand oder einer Kritik steht im Mo-dell der konstruktiven Kommunikation eine fundierte Argumentation: Sie ver-deutlicht dem anderen die eigene Idee oder Absicht mit Ihren durchdachten Worten.

Der sinnvolle Aufbau einer Argumentation schließt mit ein, dass Sie Ihrem Ge-genüber – wo immer möglich – den für ihn wichtigen Nutzen verdeutlichen.

Verdeutlichen Sie Ihren Standpunkt klar und deutlich:
„Ich bin der Meinung, dass ..."
„Ich wünsche mir, dass ..."
„Für mich stellt es sich so dar ..."

Liefern Sie anschließend eine Begründung mit Beispielen, möglichst mit anschaulichen Bildern; beschreiben Sie offen Vor- und Nachteile und eröffnen Sie positive Perspektiven.

Positive Perspektiven eröffnen

Unterstreichen Sie dann auch ganz bewusst den Nutzen für den anderen:
„Das bedeutet für Sie ...“
„Dadurch erreichen Sie für sich ...“
„Deswegen werden Sie zukünftig in der Lage sein ...“

Und runden Sie Ihre Argumentation dadurch ab, dass Sie Folgerungen ziehen und Handlungsansätze aufzeigen:
„Deshalb ist es jetzt wichtig, dass wir dies tun ...“
„Deshalb können wir jetzt gemeinsam ...“
Lassen Sie uns dieses Argumentationsmuster zum Schluss dieses Kapitels auf folgenden Punkt bringen:

Auf einen Blick

Wir sind fest davon überzeugt, dass Ihnen das Modell der konstruktiven Kommunikation dabei hilft, Ihr Beziehungsmanagement noch erfolgreicher zu machen. Denn sowohl im Umgang mit Ihrem Partner als auch mit Ihren Arbeitskollegen können Sie die Vorteile der positiven Emotionen für sich und andere nutzen. Ähnlich wie beim Schneeball-Effekt werden sich die positiven Wirkungen der konstruktiven Kommunikation gegenseitig verstärken. In dem Maße, wie Ihre Mitmenschen die Anerkennung und Aufwertung erfahren, die Sie ihnen im Gespräch entgegenbringen, lassen sie Ihnen Anerkennung und Aufwertung zuteil werden. Dadurch erreichen Sie ein ausgeglicheneres und entspannteres Leben, und Ihre Freude an der Kommunikation wächst erheblich. Deshalb gehen wir mit Ihnen gemeinsam Schritt für Schritt den Weg, dessen Ziel es ist „BEZIEHUNGS-WEISE“ zu sein. Bitte gehen Sie diesen Weg täglich einen Schritt weiter: Nutzen Sie dieses Buch und seine Impulse als praktischen Übungs-Leitfaden – wo auch immer Sie sind.

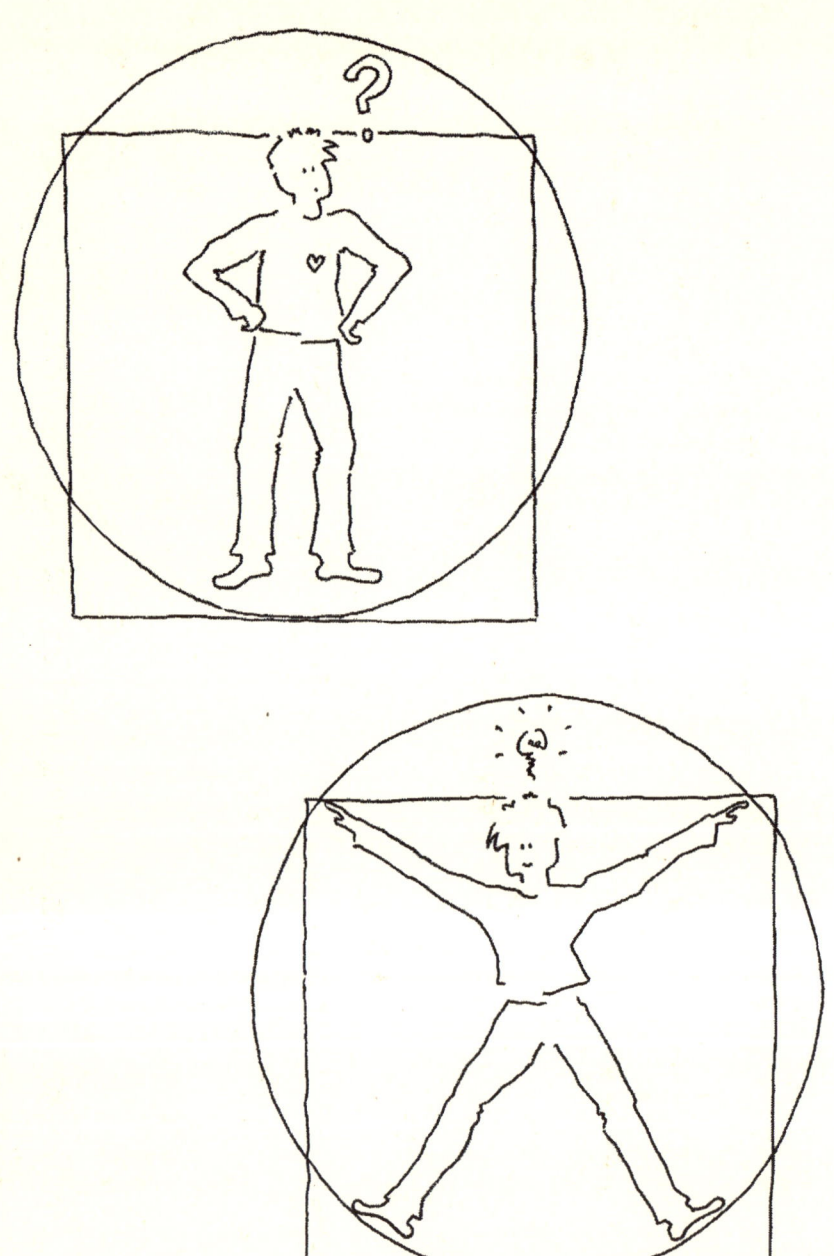

12 BEZIEHUNGS-WEISE in Konfliktsituationen: Mit mentaler Kompetenz zur Lösung

Die Ziele dieses Kapitels und der Nutzen für Ihr Beziehungsmanagement

Sie lernen eine Technik der Selbst- und Fremdanalyse in Konfliktsituationen kennen. Sie trainieren Ihre Fähigkeit, unter den besonderen Bedingungen eines Konfliktes Ihr Denken, Fühlen und Handeln zu steuern.

Das nutzt Ihnen dabei, Konfliktsituationen in „win – win"-Situationen zu verwandeln, bei denen Sie und Ihre Mitmenschen am Ende die bestmögliche Lösung finden.

Selbst- und Fremdanalyse

Die schwierigsten Situationen zwischenmenschlicher Beziehungen sind Konflikte. In Konfliktsituationen entscheidet sich, ob Sie wirklich BEZIEHUNGS-WEISE sind. Konkret: Ob Sie die Fähigkeit besitzen, sich selbst und andere so wahrzunehmen und zu analysieren, dass Sie Ihr Denken, Fühlen und Handeln im Sinne eines konstruktiven Beziehungsmanagements steuern können.

Bitte bedenken Sie, dass es in Konflikten nur vermeintliche Sieger gibt. Eventuell fühlen Sie sich in einem Konflikt als Sieger, weil Sie Ihre Position oder Ihren Standpunkt durchgesetzt haben. Aber eine genaue Betrachtung der bei diesem Sieg angefallenen „Kosten" und der Folgen Ihres vermeintlichen Triumphes dürfte Ihnen schnell klar machen, dass es nur in seltenen Fällen notwendig ist, bei einem Konflikt die eigenen Interessen **In Konflikten gibt es nur vermeintliche Sieger** 100-prozentig durchzusetzen und die Interessen des anderen zu ignorieren. Denn am Ende bleiben bei Ihnen wie bei Ihrem Gegenüber negative Emotionen, Verletzungen, zerstörte Freundschaft, ein schlechtes Betriebsklima oder vielleicht auch ein schlechtes Gewissen zurück.

Dennoch neigen manche Menschen dazu, sehenden Auges Konflikte emotional zu eskalieren – und sich selbst bei geringsten Anlässen so zu verhalten, als ginge es um einen Existenzkampf. Für unsere Vorfahren in der Steinzeit mag dies vielleicht noch angemessen gewesen sein. Aber müssen heute Konflikte wirklich mit Vehemenz und großem emotionalem Engagement geführt werden, weil ein Nachbar zum zweiten Mal in einem Monat am Sonntagnachmittag seinen Rasen mäht, weil ein Arbeitskollege seinen Vorschlag für ein neues Vertriebskonzept für den überzeugenderen hält, weil Sohn oder Tochter es wieder einmal nicht geschafft haben, den häuslichen Pflichten nachzukommen?

Häufig verhalten wir uns, als sei das ganze Leben eine Aneinanderreihung von dringendsten Ausnahmesituationen und Notfällen, als **Das Leben – nur** müssten wir uns deshalb in jedem Falle durchsetzen und **eine Reihe von** einen Konflikt eskalieren. Und dabei übersehen wir häu- **Notfällen?** fig, dass wir selber es sind, die einen ungeheuren Druck auf uns selbst ausüben.

Es lohnt sich, einen genaueren Blick auf die Ursachen von Konflikten zu werfen. Bereits in Kapitel 4 haben Sie gesehen, was Ihre Emotionen und Ihre Motivation bestimmt. Auf den Punkt gebracht: Sie streben nach Selbstbestimmung, Freiheit, Einfluss, wollen Aufwertung und Anerkennung erreichen; zugleich möchten Sie Ohnmacht und Kontrollverlust, Abwertung und Geringschätzung vermeiden.

Erreichen Sie die oben genannten Ziele, stellen sich positive Gefühle ein; und umgekehrt empfinden Sie es als negativ, wenn Sie sich ohnmächtig und abgewertet fühlen. Konflikte eskalieren vor allem dann, wenn Ihnen das Verhalten anderer Menschen in der beschriebenen Weise negative Emotionen bereitet: Das Rasenmähen des Nachbarn am Sonntag empfinden Sie wahrscheinlich als Respektlosigkeit, als mangelnde Wertschätzung – ebenso wie das Verhalten des Sohnes oder der Tochter.

Ohnmacht und Die Ursachen von Ohnmachts- oder Abwertungs- **Abwertung als** Gefühlen und damit von Konflikten können vielfältig **Konflikt-Ursachen** sein:

● Überforderung, wenn einem eine übertragene Aufgabe zu groß und nicht zu bewältigen erscheint;
● Statusstreben einzelner Personen in einer Gruppe, die Macht und Anerkennung um den Preis der Abwertung anderer Gruppenmitglieder erlangen wollen;

- Interessenkonflikte, die in der Sache begründet sein können oder individueller Natur sind;
- Desinteresse, das einem von anderen Menschen entgegenschlägt, die sich nicht für ein Thema oder Ihre Person interessieren;
- Vorurteile, wenn der erste Eindruck von einem anderen Menschen negativ ist;
- Schuldzuweisungen bei Fehlern und Misserfolgen;
- Zwang, gegen seinen Willen etwas tun zu müssen;
- Ressourcen- und Güterknappheit, die zu Verteilungskämpfen führen;
- Neuerungen und Veränderungen, die Menschen verunsichern.

Sie kennen die meisten der oben beschriebenen Ursachen aus Erfahrung. Haben Sie auch schon einmal die bei Abwertungs- und Ohnmachts-Gefühlen häufig zu beobachtenden Verhaltensweisen und deren Konsequenzen bewusst registriert?

Konflikte eskalieren in der Regel nach folgendem Schema: Ein Mensch nimmt wahr, dass es zwischen ihm und einer anderen Person eine emotionale Störung gibt; er fühlt sich ohnmächtig oder abgewertet. Diese negative Wahrnehmung löst Stress aus; die Ausstrahlung des Betroffenen wird zwangsläufig negativ. Und seine Kommunikation erhält eine dementsprechende Richtung: Er verwendet emotional negative Worte; er spricht Probleme, statt Lösungen an; er stellt Problem vertiefende Fragen; er beginnt seinem Gegenüber Vorwürfe zu machen oder demonstriert offen sein Desinteresse. Kurzum: Er selbst tut alles, um seinen Gesprächspartner abzuwerten. Die Konflikteskalation nimmt dann ihren Lauf. Denn mit der Problem vertiefenden Kommunikation wächst das Konfliktpotential, geraten die Lösungsperspektiven in weite Ferne – und zu guter letzt wird auch noch Dritten dieser Konflikt weitererzählt, werden die negativen Gefühle nochmals erinnert und verfestigt, die Beziehung dauerhaft ge- oder sogar zerstört.

BEZIEHUNGS-WEISES Konfliktverhalten setzt – dem Selbstmanagement-Modell folgend – schon weit vor den sprachlichen und körperlichen Reaktionen ein, nämlich beim Wahrnehmen, Denken und Fühlen.

Konflikt-Eskalation durch Selbstmanagement verhindern

Statt sich auf das Gefühl der Abwertung einzulassen, können Sie Ihr Verhalten bewusst zum Positiven verändern:

- Vergegenwärtigen Sie sich Ihre eigenen Stärken und positiven Eigenschaften.
- Entdecken Sie positive Aspekte an der jeweiligen Situation (Reframing).

- Nehmen Sie bewusst die positiven Eigenschaften des anderen wahr.
- Analysieren Sie die Situation der anderen Person: Wo hat sie Ohnmacht und Abwertung empfunden?
- Denken Sie im Lösungs- statt im Problemmodus.
- Vergewissern Sie sich Ihrer Ziele: Was möchten Sie wirklich erreichen, welches Ziel haben Sie?
- Akzeptieren und wertschätzen Sie die Meinung anderer, und seien Sie offen, Ihren eigenen Standpunkt zu überdenken und gegebenenfalls zu verändern.

Die Ergebnisse dieser Selbststeuerung spüren Sie unmittelbar. Denn Ihr Denken bleibt gelassen, Ihr Selbstwertgefühl stabil und Ihre Stimmung ausgeglichen. Nutzen Sie dies auch für Ihr kommunikatives Verhalten. Atmen Sie tief durch bevor Sie reagieren, verwenden Sie emotional positive Worte, sprechen Sie Lösungen an und stellen sie klärende sowie konstruktive Fragen. So bleibt der Stress einer Konfliktsituation minimal, Ihre Beziehung bleibt OK. Zugleich schaffen Sie so die Voraussetzungen dafür, dass es am Ende nicht Sieger und Verlierer eines Konfliktes gibt, sondern eine „win – win"-Lösung beide Seiten zufrieden stellt.

Finden Sie „win-win"-Lösungen

Von herausragender Bedeutung für das BEZIEHUNGS-WEISE Verhalten in Konfliktsituationen ist die Analyse Ihrer eigenen Person und Ihrer Gesprächspartner. Denn in solch schwierigen Situationen ist es wichtig, sowohl Ihren eigenen Anteil als auch den Ihres Gegenüber sowie das jeweilige Verhalten zu bestimmen und entsprechende Erkenntnisse daraus zu ziehen.

Für diese Selbst- und Fremdanalyse schlagen wir Ihnen die folgenden Analyseschemen vor.

Selbstanalyse

Was passiert?	Die Analyse	Die Lösung

• Ich habe ein schlechtes Gefühl.
 	
• Ich ärgere mich oder rege mich auf.
 	
• Ich sage etwas negatives (über andere).
	• Was hat das mit mir zu tun?
	  – Wie habe ich wahrgenommen, bewertet, gedacht ...?
	
	• Was sagt das über mich?
	  – Ich fühle mich getroffen.
	  – Ich fühle mich ohnmächtig.
	  – Ich fühle mich unwichtig oder abgewertet.
	  – Ich habe Angst
	    – vor ...
	    – zu ...
	
	• Wie leicht bin ich an dieser Stelle zu treffen?
	  Wie groß oder klein ist an dieser Stelle mein Selbstwertgefühl?
		• Ich wandle Ohnmacht in Macht/Einfluss.
		  – Wie kann ich denken, um in einem Zustand persönlicher Kontrolle/ einem Erfolgs-Zustand zu sein: ruhig, gelassen, souverän?
		  – Welche Denkmuster, Haltungen/Einstellungen helfen mir, im Lösungs-/Handlungsmodus zu sein?
		
		• Ich baue mein Selbstwertgefühl auf.
		  – Ich mache mir meine positiven Eigenschaften, Fähigkeiten, Kompetenzen und Referenzerfahrungen bewusst.
		  – Ich reframe.
		  – Ich trainiere/ programmiere mich mental.

Fremdanalyse

Was passiert?	Die Analyse	Die Lösung

• Mein Gesprächspartner/meine Gesprächspartnerin hat ein schlechtes Gefühl.
 	
• Er/Sie ärgert sich oder regt sich auf.
 	
• Er/Sie sagt etwas negatives.
	• Wie hat der Gesprächspartner/die Gesprächspartnerin die Situation wahrgenommen, bewertet, gedacht ...?
	
	• Was sagt das Verhalten über ihn/sie?
	
	  – Er/Sie fühlt sich getroffen.
	
	  – Er/Sie fühlt sich ohnmächtig.
	
	  – Er/Sie fühlt sich unwichtig oder abgewertet.
	
	  – Er/Sie hat Angst
	    – vor ...
	    – zu ...
	
	• Wie leicht ist er/sie an dieser Stelle zu treffen?
	Wie groß oder klein ist an dieser Stelle sein/ihr Selbstwertgefühl?
		• Ich gebe ihm/ihr Macht/Einfluss.
		
		• Ich werte ihn/sie auf und mache ihn/sie wichtig.
		
		• Ich baue sein/ihr Selbstwertgefühl auf.
		
		• Ich vermeide weitere abwertende Aussagen.

Durch Selbst- und Fremdanalyse schaffen Sie die Grundlagen der inneren Selbststeuerung, die darüber entscheidet, ob Konflikte eskalieren oder zu konstruktiven Lösungen führen.

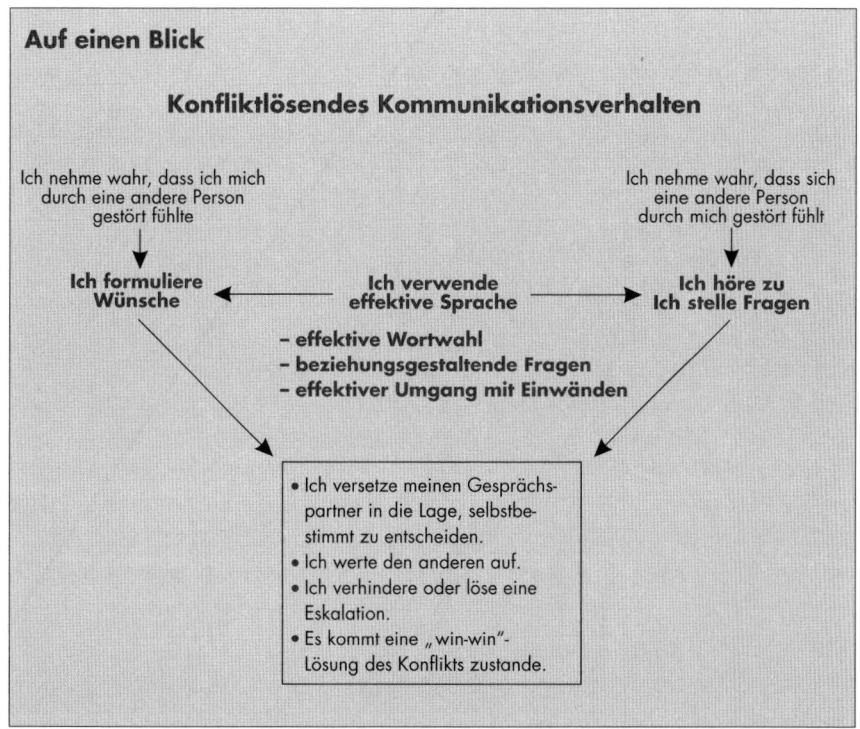

Einstellung erzeugt Ausstrahlung: Nutzen Sie die Macht des ersten Eindrucks

Die Ziele dieses Kapitels und der Nutzen für Ihr Beziehungsmanagement

In Bruchteilen von Sekunden gewinnen wir einen ersten Eindruck von Menschen – und andere von uns. Weil dieser erste Eindruck meist zu einem dauerhaften wird, üben Sie, ihn als Chance für den Aufbau guter Beziehungen zu nutzen.

Verstehen Sie positives Denken und ein starkes Selbstwertgefühl als entscheidende „innere" Faktoren Ihrer Ausstrahlung – sie bestimmt den ersten Eindruck, den andere von Ihnen gewinnen, in entscheidender Weise.

Lernen Sie zugleich, anderen Menschen ganz bewusst eine „zweite Chance" zu geben. Das nutzt Ihnen dabei, auch zu solchen Menschen gute Beziehungen zu schaffen, von denen Sie einen negativen ersten Eindruck hatten.

Der erste Kontakt – ein entscheidender Moment für Beziehungen

Folgendes Ereignis berichtete uns ein guter Freund: Sein Entschluss, ein neues Auto zu kaufen stand fest – der alte Pkw hatte bereits zahlreiche Mängel und als „Vielfahrer" von Berufs wegen war er auf ein zuverlässiges Fahrzeug angewiesen. Bekannte hatten ihm berichtet, dass die neue Limousine der Marke A viele Vorzüge habe. Chices Design, sparsamer Diesel-Motor, komfortable Ausstattung, günstiger Preis. In einer Autozeitschrift hatte unser Freund zudem ein anderes Fahrzeug der Marke B entdeckt – ebenfalls preiswert in der Anschaffung, mit neuester Motortechnik und sehr gutem Innenraum-Komfort. Um eine Entscheidung zwischen den Autos der Marken A und B zu treffen, besuchte er die örtlichen Autohändler – und bestellte noch am selben Tag den Pkw der Marke B.

Als wir darüber staunten, dass unser Freund seine Wahl ohne großes Zögern in so kurzer Zeit getroffen hatte, obwohl die beiden Autos doch in Qualität und Preis nahezu identisch waren, erzählte er uns folgende Geschichte:

„Zuerst war ich beim Händler der Marke B. Es war dort einiger Betrieb im Laden, deshalb musste ich kurz warten bis ein freundlicher Berater kam und ich ihm erklären konnte, dass ich mich für eine neue Limousine interessiere. Dieser noch recht junge Mann war wirklich gut organisiert und wusste ausgezeichnet über das Auto Bescheid. Er hat mir das entsprechende Prospektmaterial gegeben und an einem Ausstellungsfahrzeug das Modell ausführlich erklärt. Das war ein wirklich sympathischer Berater – ganz und gar nicht dieses Klischee eines Autoverkäufers.

Jedenfalls bin ich anschließend zum Händler der Marke A gegangen, und dort hat mich schon an der Eingangstür der Händler persönlich in Empfang genommen. Komisch nur, dass ich irgendwie von Anfang an das Gefühl hatte, dieser Mensch wolle mir die neue Limousine auf Biegen und Brechen verkaufen. Wie er sich ausgedrückt hat, seine Wortwahl – das fand ich überzogen, ein Tick zuviel halt. Und dann diese nach hinten gekämmten Haare – vermutlich mit viel Gel in Form gebracht!

Ein „komisches Gefühl" kann ausschlaggebend sein – beruflich und privat

Klar, das ist ein tolles Auto, das er mir da vorgestellt hat, aber ich habe nach zwanzig Minuten nur die Prospekte mitgenommen und bin wieder zum Händler B gefahren. Ich hab dann da noch recht lange mit dem jungen Berater verhandelt, der mich auch schon bei meinem ersten Besuch bedient hatte. Ich wollte halt auch noch einen guten Rabatt haben – oder wenigstens ein paar Extras umsonst. Um ganz ehrlich zu sein: Viel hab ich dabei nicht rausholen können. Der Bursche hatte wirklich große Ahnung und hat mir ziemlich verständlich erklärt, warum auch bei Barzahlung nicht mehr als fünf oder sechs Prozent Rabatt möglich wären. Aber das war schon OK. Ich fand das Auto gut und die Beratung stimmte – und ich brauchte halt dringend den neuen Wagen."

Die Geschichte unseres Freundes ist ein gutes Beispiel dafür, dass der erste Eindruck, den wir von einem Menschen haben, entscheidend sein kann: für den Abschluss eines Geschäfts, für das Betriebsklima, für unsere Beziehungen zu Bekannten und Freunden etc.

„Harte" Fakten sind manchmal zweitrangig

Unser Freund machte ganz offensichtlich seine Kaufentscheidung weniger von „harten" Fakten wie Preis und Qualität abhängig – mit dem Händler der Marke A hatte er noch nicht einmal über den Preis verhandelt. Im Mittelpunkt seiner Schilderung standen vielmehr die Menschen, mit denen er bei den Händlern Kontakt hatte, und seine entsprechenden Emotionen: Der erste Eindruck des „freundlichen" jungen Beraters kontrastierte mit dem Händler, dessen Ausdrucksweise er überzogen und dessen Frisur er unästhetisch fand. Das war vermutlich ausschlaggebend für die Kaufentscheidung.

Ein amerikanisches Forschungsinstitut untersuchte die Bedeutung des ersten Eindrucks für Kaufentscheidungen wissenschaftlich und fand heraus, dass dreiviertel dieser Entscheidungen auf die Wirkung des ersten Kontakts im Verkaufsgespräch zurückzuführen sind.

Bemerkenswert ist auch, dass Menschen sehr stark dazu neigen, den ersten Eindruck von anderen als permanentes Bild zu verfestigen und dafür sogar aktiv nach Bestätigung suchen. Unser Freund berichtete davon, dass der freundliche junge Berater, der schon bei seinem ersten Kontakt gut organisiert und fachlich kompetent wirkte, auch bei den Verhandlungen über einen möglichen Rabatt „große Ahnung" bewies.

Der erste Eindruck wird oft zum permanenten Bild

Übung 25

Testen Sie an sich selbst, wie sich der erste Eindruck von anderen Menschen verfestigt. Machen Sie diese Übung, wenn Sie die Gelegenheit haben, einem Menschen zum erstenmal zu begegnen. Schreiben Sie Ihren ersten Eindruck knapp und stichwortartig auf – oder speichern Sie ihn einfach im Gedächtnis. Überprüfen Sie diese Beschreibung bei nächster Gelegenheit – nach zwei Tagen, zwei Wochen oder zwei Monaten.

Die Macht des ersten Eindrucks ist so groß, weil bei der Wahrnehmung eines unbekannten Menschen automatisch und in Bruchteilen von Sekunden ein Abgleich der Wahrnehmungsdaten mit den in Ihrem Gehirn gespeicherten „Dateien" stattfindet. Anders ausgedrückt: Wir „suchen" in unserem Gehirn nach bereits existierenden Informationskonten, die dabei zugleich als Filter unserer Wahrnehmung dienen und denen wir den neuen Menschen zuordnen können. Diese Informationskonten sind – wie wir in Kapitel 2 beschrieben haben – mit emotional positiven und negativen Buchungen versehen. Dementsprechend fallen auch unsere Emotionen beim ersten Kontakt mit diesem Menschen aus.

Der erste Eindruck I

Deshalb ist es auch so schwer, den ersten Eindruck zu korrigieren, den Sie von einem anderen Menschen oder den andere von Ihnen haben. Denn die Wahrnehmungen werden im Gehirn unwillkürlich mit den Informationskonten im Gedächtnisspeicher in Verbindung gebracht. Daraus ergibt sich dann, dass Erinnerungen und emotionale Bewertungen weiter vertieft oder verfestigt werden.

Beispielsweise bauen wir in der Regel sofort gute Beziehungen zu Menschen auf, von denen wir spontan den Eindruck haben: Der ist wie ich! Wir verbinden den ersten Eindruck von einem solchen Menschen in der eben beschriebenen Weise mit den Informationskonten, die wir auch über uns selbst im Gedächtnisspeicher angelegt haben. Je mehr Anknüpfungspunkte der Art: „spricht wie ich, lacht wie ich, verhält sich wie ich, hat den gleichen Geschmack (Kleidung, Farben, Speisen etc.) wie ich" wir bei unserem Gegenüber identifizieren, desto größer ist unsere spontane Sympathie.

Wenn einer so ist wie ich selbst ...

Die Faktoren, die die Prägung des ersten Eindrucks bestimmen, sind vielfältig. Sie reichen von der äußeren Erscheinung über die Sprache bis zum Duft des anderen.

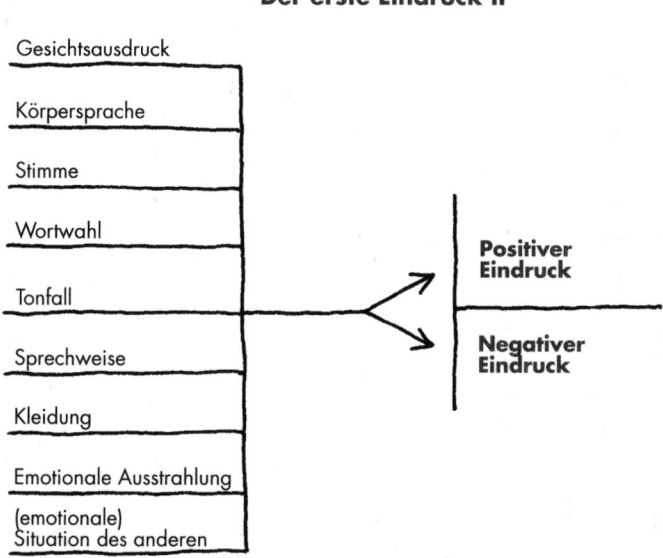

Der erste Eindruck II

Der erste Eindruck als Chance – Starkes Selbstwertgefühl und positives Denken als Grundlagen

Den ersten Eindruck positiv zu gestalten, ist die sicherste und bequemste Methode, gute Beziehungen aufzubauen. BEZIEHUNGS-WEISE Menschen legen deshalb großen Wert auf die bewusste Gestaltung dieses nur wenige Sekunden dauernden und doch so eminent wichtigen Moments.

Sie selbst können einen entscheidenden Beitrag dazu leisten, dass andere Menschen einen positiven ersten Eindruck von Ihnen gewinnen. Selbstverständlich kommt es dabei auf alle Faktoren an, die wir Ihnen in Grafik 23 vorgestellt haben. Ihre Kleidung, Ihr Verhalten bei der Begrüßung, der Klang Ihrer Stimme und ganz generell die Beachtung der Höflichkeitsregeln sind wichtige Elemente.

Planen und gestalten Sie bewusst den ersten Eindruck, den Sie anderen von sich vermitteln

Im Sinne unseres grundlegenden Selbstmanagement-Modells legen wir Ihnen an dieser Stelle auch ganz besonders die Stärkung Ihres Selbstwertgefühls und Ihres positiven Denkens ans Herz. Denn der Grundsatz „Einstellung erzeugt Ausstrahlung" bedeutet in erster Linie: Wer ein starkes Selbstwertgefühl hat, wer anderen Menschen gegenüber offen und positiv eingestellt ist, der vermittelt dies durch seine Mimik, Körperhaltung und Körpersprache, durch Wortwahl und Sprechweise ganz natürlich und gleichsam automatisch.

Sie sollten Ihre Mitmenschen allerdings nicht mit einem übertriebenen Selbstbewusstsein „überwältigen". Dann geraten Sie in die Schublade des „Plattmachers", in dessen Umgebung andere Menschen keine Luft mehr zum Atmen finden. Wie bei einem edlen Gewürz kommt es bei der Anwendung auf die richtige Dosierung an.

Auch wer glaubt, durch schauspielerische Selbstdarstellung die gewünschte positive Wirkung zu erreichen, ist auf dem Holzweg. Wichtig ist vielmehr Authentizität. Ganz einfach: Natürliche Echtheit führt zum Erfolg. Wer Selbstbewusstsein schauspielert oder etwas darzustellen versucht, das er nicht ist, der wird entweder als unsicher oder arrogant wahrgenommen. Dies macht den entscheidenden Unterschied zur wirklichen, natürlichen und fundierten Ausstrahlung aus.

Authentizität steht im Mittelpunkt Authentizität, Natürlichkeit und sympathische Ausstrahlung erreichen Sie vor allem dann, wenn eine große Übereinstimmung im Spannungsfeld der drei Faktoren Fremdwahrnehmung, Selbstwahrnehmung und persönliches Wunschbild existiert.

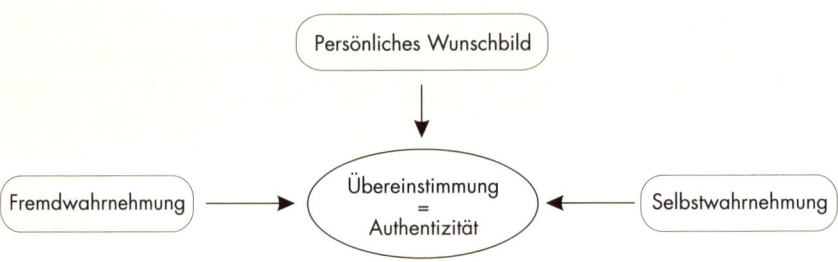

Wie nehmen Sie sich selbst wahr? Wie nehmen andere Sie wahr? Wie möchten Sie gerne von anderen wahrgenommen werden? Bitte nehmen Sie sich Zeit, diese Fragen genau zu bedenken.

Übung 26

Nehmen Sie drei Blatt Papier zur Hand und beschriften Sie sie mit den Überschriften „So nehme ich mich selbst wahr", „So nehmen mich andere wahr", „So möchte ich auf andere wirken".

Notieren Sie dazu die entsprechenden Beschreibungen. Berücksichtigen Sie bei „So nehmen mich andere wahr" Rückmeldungen, die Sie in der Vergangenheit schon von Freunden, Bekannten, Arbeitskollegen oder Führungskräften erhielten.

Legen Sie anschließend ein viertes Blatt an und schreiben Sie dort die „Übereinstimmungen" auf.

Diese Übung gibt Ihnen die Chance, die Ursachen möglicher ungewollter Wirkungen wie Unnatürlichkeit, Überheblichkeit, Unsicherheit oder Dominanz besser zu erkennen.

Wie Sie Ihre Wirkung gezielt positiv verändern, zeigen Ihnen die Übungen zur mentalen Programmierung in Kapitel 10.

Den ersten Eindruck von anderen Menschen verändern

Gegen den ersten Eindruck, den wir von anderen gewonnen haben, bewusst „anzudenken", ist eine erhebliche Herausforderung, die viel Willen und Energie beansprucht. Wenn Sie jemanden treffen, der Ihnen spontan unsympathisch ist und zu dem sich deshalb die Beziehung negativ entwickelt, können Sie jedoch mit den Techniken des Wahrnehmungs- und Bewertungsmanagements aktiv „gegensteuern" (siehe Kapitel 7 und 9).

Anderen Menschen eine zweite Chance geben

Am Anfang der Veränderung des ersten Eindrucks stehen Fragen. Cerwinka/Schranz (1998) geben dazu in Ihrem Buch *„Die Macht des ersten Eindrucks"* folgenden Hinweis:

„Es fällt uns leichter einen ersten Eindruck zu korrigieren, wenn wir ihn in unser Bewusstsein holen:
● Wie hat der andere auf mich gewirkt?
● Wie schätze ich ihn ein?
● Wie komme ich zu diesem Urteil?
Erst wenn dieser erste Eindruck so hinterfragt wird, geben wir dem anderen eine zweite Chance."

Auf einen Blick

● Beim ersten Eindruck entscheidet sich in Sekundenschnelle, ob wir einen anderen Menschen sympathisch finden und eine gute Beziehung zu ihm aufbauen.

● Auch Ihr Gegenüber gewinnt einen ersten Eindruck von Ihnen, der die gegenseitige Beziehung prägt.

● Die Macht des ersten Eindrucks resultiert aus dem Abgleich der Wahrnehmungsdaten mit den emotional positiv und negativ gebuchten Informationskonten in unserem Gedächtnisspeicher. Erfahrungen und Bilder werden verfestigt und vertieft.

● Grundlage dafür, anderen Menschen einen positiven ersten Eindruck von sich selbst zu geben, sind – neben einer positiven äußeren Erscheinung und einem höflichen Auftreten – ein „gesundes" Selbstwertgefühl und Authentizität.

● Authentizität ist die Übereinstimmung der Faktoren Fremdwahrnehmung, Selbstwahrnehmung und persönliches Wunschbild.

● Selbstdarstellerische Schauspielerei wird negativ als unnatürlich, aufgesetzt oder arrogant wahrgenommen: Wir stellen immer genau das dar, was wir sind, nicht was wir sein wollen!

● Durch bewusstes Hinterfragen unseres ersten Eindrucks können wir anderen Menschen eine „zweite Chance" geben.

BEZIEHUNGS-WEISE
durch Selbst-Coaching

24 Schritte auf dem Weg zum erfolgreichen Beziehungsmanagement

Anstelle einer Zusammenfassung: Quintessenzen und Tipps für ein gelingendes und erfolgreiches Beziehungsmanagement

> *„Selbst ein Weg von tausend Meilen beginnt mit einem Schritt."*
> Japanisches Sprichwort

Eine „unmögliche" Leistung

Von einem Schüler des bekannten amerikanischen Hypnotherapeuten Milton H. Erickson (1901 – 1980) hörten wir die folgende Geschichte, die Erickson ihm selbst erzählt hat.

Bei einer Segeltour mit ihrem Freund auf dem Lake Michigan, einem der Great Lakes im Norden der USA, befand sich eine junge Frau plötzlich in einer lebensbedrohlichen Situation. Bei starkem Wind war ihre kleine Segelyacht in Turbulenzen geraten. Ihr Freund hatte sich bei dem Versuch eines Wendemanövers so schwer am Kniegelenk verletzt, dass er sich nicht einmal mehr aufrichten konnte. Die junge Frau wurde bei den heftigen Wetterturbulenzen über Bord geschleudert – mit einer Schwimmweste bekleidet, fand sie sich im kalten Wasser des Lake Michigan wieder. Auf das Boot kam sie ohne die Hilfe ihres Freundes nicht zurück – und der war wegen seiner Verletzung nicht in der Lage, ihr beizustehen.

In ihrer Not reagierte die junge Frau beinahe automatisch: Sie begann zu schwimmen – in eine Richtung, von der sie annahm, das es Südwesten wäre. Dort würde der Strand von Chicago liegen. Sie schwamm – Zug um Zug –, bemühte sich ruhig und gleichmäßig zu atmen. Das sich langsam wieder beruhigende Wetter machte ihr Mut - wenigstens überspülten sie beim Schwimmen keine hohen Wellen! Die junge Frau schwamm weiter, zwar in Sorge um ihren Freund. Aber sie schwamm, spürte auch ihre zunehmende Erschöpfung, doch schließlich sah sie tatsächlich die Skyline von Chicago vor sich - und erreichte das rettende Ufer.

Rettungsschwimmer zogen sie aus dem Wasser, betreuten sie und brachten sie ins Krankenhaus. Dort erfuhr sie nach einigen Stunden, dass auch ihr Freund gerettet worden war. Ein anderes Boot war auf die offensichtlich steuerlos dahintreibende Segelyacht aufmerksam geworden und hatte geholfen.

Doch die junge Frau erfuhr von den Ärzten im Krankenhaus noch etwas anderes: Sie war von der Position aus, wo sie über Bord gegangen war, bis zum Strand von Chicago beinahe 20 Kilometer geschwommen. „Das ist unmöglich", gab sie den Ärzten zur Antwort. „Völlig ausgeschlossen, denn ich kann gar nicht so weit schwimmen!"

Was Menschen an persönlichen Potenzialen in sich tragen, bleibt ihnen manchmal ein Leben lang verschlossen. Sie haben Glaubenssätze oder Weltbilder, die wie Blockaden wirken; ihr Selbstwertgefühl ist **„Weil nicht sein kann, was man nicht glaubt ..."** nicht stark genug und lässt sie Neues und Herausforderndes gar nicht erst ausprobieren. Die junge Frau in unserer Erzählung glaubte – selbst nach dem sie eine große persönliche Leistung vollbracht hatte – ihren eigenen Fähigkeiten nicht. Vielleicht dachte sie bei sich: „Da muss sich jemand vertan haben" oder „Die haben die Strecke falsch berechnet". So sehr bestimmen Glaubenssätze, Selbstwertgefühl und Selbstwahrnehmung unsere Welt!

Die Geschichte der jungen Frau, die 20 Kilometer schwimmend bis zum Strand von Chicago zurücklegte, enthält darüber hinaus noch eine zweite zentrale Botschaft, die Ihr Leben positiv verändern kann:

**Sie können es!
Sie können selbst Leistungen vollbringen,
die Sie für unmöglich hielten –
wichtig ist, dass Sie einen Anfang machen.**

An einem Baustellenzaun im amerikanischen Boston lasen wir einmal einen Spruch, mit dem ein kluger Sprayer offenbar die Tristesse der Baustellen-Atmosphäre auflockern wollte:

**They can because they think they can!
(Sie können es, weil sie überzeugt sind, es zu können!)**

Tatsächlich geht eine ungeheure Kraft von der selbstmotivierenden Wirkung positiver Glaubenssätze und Überzeugungen aus. Dem Unterbewusstsein werden positive Botschaften gesendet, die es in die Praxis umsetzt und zur Wirklichkeit werden lässt.

Und ein guter Anfang liegt auch darin, einfach mit einer Aufgabe zu beginnen. So kann der Weg beim Gehen entstehen – und mit jedem Schritt steigt die Zuversicht, der Glaube und das Selbstwertgefühl. Der deutsche **Der Weg entsteht beim Gehen** sche Schriftsteller Erich Kästner hat in seiner humorvollen, präzisen Art einmal die bekannten Zeilen gedichtet:

Es gibt nichts Gutes, außer: Man tut es!

Und dieses Wort können Sie sich auch im Umgang mit sich selbst zueigen machen. Beginnen Sie einfach damit, sich selbst etwas Gutes zu tun.

Ganz gleich welcher Typ Mensch Sie sind, gleichviel, ob Sie zunächst den festen Glauben gewinnen, etwas erreichen zu können, um es tatsächlich zu schaffen, oder ob Sie Ihren Weg beim Gehen entstehen lassen – jeder Mensch kann BEZIEHUNGS-WEISE werden. Denn wir Menschen sind von Natur aus soziale Wesen. Der Mensch ist, wie es der griechische Philosoph Aristoteles formulierte, ein zoon politikon, zu dessen Natur das Leben in der Gemeinschaft mit anderen gehört. Deshalb gehört die positive Gestaltung von Beziehungen zu unseren gleichsam angeborenen Talenten.

Wir möchten Ihnen in den folgenden 24 Schritten zu einem erfolgreichen Beziehungsmanagement ein Angebot zum Selbst-Coaching machen. Wir geben Ihnen damit eine Hilfe zur Hand, mit der Sie sich selbst weiterhelfen können auf dem Weg dahin, BEZIEHUNGS-WEISE und BEZIEHUNGS-REICH zu werden.

Die Reihenfolge der Schritte orientiert sich weitgehend am inhaltlichen Aufbau dieses Buches.

Wir wünschen Ihnen auf diesem Weg viel Erfolg. Und natürlich auch viel Spaß – denn vor allem in einer positiven Stimmung erzielen Menschen ihre besten Ergebnisse und schaffen ihre herausragendsten Leistungen.

1. Schritt – Sie haben ihn bereits getan!

Herzlichen Glückwunsch! Den ersten Schritt dahin, BEZIEHUNGS-WEISE zu werden, haben Sie bereits getan. Sie haben ein Buch bis zu diesem Punkt gelesen, das Ihnen eine Fülle von Informationen verfügbar macht, die Sie nun zu jeder Zeit an jedem Ort für sich nutzen können.

2. Schritt – Legen Sie sich ein Erfolgstagebuch zu!

3. Schritt – Erstellen Sie sich einen Aktions- und Zeitplan.

Konkretisieren Sie Ihre Ziele und machen Sie Ihre Fortschritte überprüfbar. Ein gutes Instrument dazu ist ein Aktions- und Zeitplan.

Legen Sie einen solchen Aktions- und Zeitplan in Ihrem Erfolgstagebuch oder auf einem DIN-A4-Blatt an:

● Was will ich konkret tun, ausprobieren oder ändern?

- Ab wann?
- Wer kann mir dabei helfen? Wen spreche ich an, um mich zu unterstützen?
- Wen bitte ich um Feedback zu meinen Fortschritten? Wen bitte ich, mich zu erinnern, wenn ich etwas nicht umsetze?
- Welchen Termin setze ich mir für eine erste Überprüfung?
- Wie zufrieden bin ich mit dem bisherigen Ergebnis?

4. Schritt – Stärken Sie Ihr Selbstwertgefühl!

Führen Sie Ihr Erfolgstagebuch regelmäßig und notieren Sie in ihm zum Beispiel:
- Ihre positive Eigenschaften und deren Nutzen für ein erfolgreiches Beziehungsmanagement,
- Ihre Fähigkeiten und deren Nutzen für ein erfolgreiches Beziehungsmanagement,
- Ihre Kompetenzen und deren Nutzen,
- Ihre Erfolge (zum Beispiel an jedem Abend drei kleinere oder größere Erfolge des Tages),
- die besten Komplimente, die Ihnen gemacht wurden,
- die schönsten und wertvollsten Momente, sogenannte Moments of Excellence oder Moments of Power.

5. Schritt – Vergegenwärtigen Sie sich immer wieder das Selbstmanagement-Modell.

Ihre Wahrnehmung, Ihre Bewertung und Ihr Denken über eine Situation oder einen Menschen entscheiden über Ihr Wohlbefinden und Ihre Ausstrahlung!

6. Schritt – Erinnern Sie sich bei Ihren Begegnungen und Kontakten mit Menschen stets daran, wonach Menschen streben, was sie steuert und motiviert.

Das Streben nach Anerkennung und Selbstbestimmung/Einfluß sowie das Streben danach, Abwertung/Geringschätzung und Ohnmacht zu vermeiden. **Und richten Sie Ihr Handeln und Tun danach aus!**

7. Schritt – Berücksichtigen Sie stets, dass menschliche Kommunikation auf der Grundlage unterschiedlicher Kopf-Landkarten geschieht.

Und: Die Landkarte ist nicht die Landschaft.
Und: Keine Landkarte ist an sich besser oder schlechter als eine andere Landkarte.

8. Schritt – Identifizieren Sie Ihre wichtigsten Werte!

Denn Werte funktionieren in vielfacher Weise als Motivatoren und Richtungsgeber Ihres Lebens. Sie steuern bewusst und unbewusst Ihr Bewerten, Denken und Handeln.

9. Schritt – Finden Sie heraus, was anderen Menschen wert und wichtig ist.

Beachten Sie, was dem anderen wichtig ist, um so zu einem guten Beziehungsmanagement zu gelangen.

Werten Sie auf, was dem anderen wichtig ist, und vermeiden Sie, ihm Wichtiges abzuwerten!

10. Schritt – Formulieren Sie positive und kraftgebende Glaubenssätze.

Glaubenssätze sind Denkmuster und Einstellungen, die uns durch unser Leben begleiten, handlungsbestimmend sind und entsprechende Auswirkungen haben. Unsere Ausstrahlung und unser Verhalten werden wesentlich dadurch bestimmt, wie und was wir über uns denken! Achten Sie daher stets auf Ihre inneren Dialoge. Intervenieren Sie, wenn Ihre Gedanken um negative Glaubenssätze kreisen, die Ihr Wohlbefinden und Ihre Ausstrahlung beeinträchtigen.

11. Schritt – Steuern Sie Ihre Wahrnehmung:

Denn gute Beziehungen *beginnen* beim Wahrnehmen.

Trainieren Sie, die dem Menschen innewohnende Steinzeit-Störungswahrnehmung immer häufiger zu überwinden und das Glas als halbvoll und nicht als halbleer zu betrachten.

Nehmen Sie das Positive an sich selbst, in Ihrer Umgebung, an anderen Menschen und in allen Situationen bewusst wahr.

12. Schritt – Trainieren Sie spielerisch Ihr Gedankenmanagement:

Was können Sie von einem trödelnden Autofahrer lernen?

13. Schritt – Lernen Sie, auch kritische Situationen oder Verhaltensweisen anderer Menschen neutral oder positiv zu bewerten (zu reframen).

Wie können Sie die Situation, das Verhalten wahrnehmen, bewerten und darüber denken, dass es Ihnen gut geht und Sie eine positive und souveräne Ausstrahlung bewahren?

Trainieren Sie Ihre Kompetenz, sich zu jeder Zeit an jedem Ort wohl zu fühlen.

14. Schritt – Programmieren Sie sich mit Formeln auf Erfolg.

Steuern Sie sich selbst durch mentale Programmierung. Steigern Sie mit Formeln Ihr Selbstwertgefühl und Ihre Ausstrahlung.

15. Schritt – Visualisieren Sie Ihre Ziele.

Entwerfen Sie Vorstellungsbilder der von Ihnen angestrebten Zielzustände. Denn visualisierte Ziele sind direkte Handlungsanweisungen an das Unterbewusstsein und unterstützen Sie dabei, Ihre Ziele zu erreichen.

16. Schritt – Machen Sie Ihre Sprache zu einem Feel-Good-Factor.

Jedes Wort löst Emotionen aus. Die Qualität der Kommunikation ist bestimmend für die Qualität der vermittelten Gefühle und der Beziehung.

Entwickeln Sie Ihre Sprachkompetenz weiter, und trainieren Sie die effektive Sprache.

17. Schritt – Verbessern Sie Ihr Beziehungsmanagement durch beziehungsgestaltende Fragen.

Versetzen Sie Ihren Gesprächspartner durch Erfolgsfragen, Spaß- und Ressourcenfragen in eine gute Stimmung.

18. Schritt – Trainieren Sie, Einwände und Kritik Ihrer Gesprächspartner wertzuschätzen und darauf reflektiert mit konstruktiven und lösungsorientierten Fragen zu reagieren.

19. Schritt – Kreieren Sie überzeugende Nutzen-Argumentationen:

Denn Gehirne wollen wissen, was es Ihnen nutzt!

20. Schritt – Trainieren Sie, in Konfliktsituationen BEZIEHUNGS-WEISE zu reagieren ...

... und mit mentaler Kompetenz zur Lösung zu gelangen.

21. Schritt – Nutzen Sie die Macht des ersten Eindrucks.

Gestalten Sie den ersten Eindruck bewusst, und nutzen Sie ihn als Chance für den Aufbau guter Beziehungen.

22. Schritt – Trainieren Sie Ihre Kompetenz, anderen Menschen eine „zweite Chance" zu geben.

Steuern Sie – im Interesse eines erfolgreichen Beziehungsmanagements – einem negativen ersten Eindruck von anderen Menschen mit den Techniken des Wahrnehmungs- und Bewertungsmanagements entgegen.

23. Schritt – Wertschätzen Sie sich selbst, ...

... und würdigen Sie auch kleine Erfolge, die Sie bei der Umsetzung des Gelesenen erzielen. Seien Sie mit sich selbst geduldig, und bewerten Sie „Fehler" als wertvolle Lernerfahrungen für zukünftige Situationen: Offenbar war der gewählte Weg, das Herangehen noch nicht zielführend; seien Sie flexibel, ein anderes Verhalten oder Herangehen auszuprobieren, bis Sie Ihr Ziel erreichen.

24. Schritt – Immer wieder wichtig: Belohnen Sie sich selbst für Ihre Leistungen!

Ihr persönliches Profil –
Wie BEZIEHUNGS-WEISE sind Sie?

Der folgende Test liefert Ihnen ein persönliches Profil Ihrer Beziehungs-Kompetenz.

Sie erkennen dadurch, wo Sie heute stehen und welche Entwicklungspotentiale Sie haben. Am besten, Sie machen sich mehrere Kopien von diesem Profil-Testbogen. Denn Sie sollten ihn von Zeit zu Zeit wiederholen, um zu überprüfen, wie sich Ihre Beziehungs-Kompetenz verbessert hat.

Bewerten Sie die folgenden Aussagen auf einer Skala von 0 bis 10, wobei 0 als Wert gleichbedeutend ist für „stimmt überhaupt nicht"/„trifft überhaupt nicht zu" und 10 für „stimmt in sehr großem Maße"/„trifft besonders zu".

Meine persönlichen Werte sind klar und
eindeutig bestimmt.

| 0 | 2 | 4 | 6 | 8 | 10 |

Ich habe positive Glaubenssätze, die ich mir
regelmäßig wiederhole.

| 0 | 2 | 4 | 6 | 8 | 10 |

Ich bin mir stets meiner „Wahrnehmungsfilter"
bewusst.

| 0 | 2 | 4 | 6 | 8 | 10 |

Ich verstehe die Welt als „meine Welt", als das
Ergebnis meiner Wahrnehmungen, Bewertungen
und Denkleistungen.

| 0 | 2 | 4 | 6 | 8 | 10 |

Ich habe eine positive
Selbstwahrnehmung.

| 0 | 2 | 4 | 6 | 8 | 10 |

Ich habe ein realistisches persönliches Wunschbild von mir selbst und sehe Vorbilder als
Orientierungshilfen.

| 0 | 2 | 4 | 6 | 8 | 10 |

Es gibt eine große Übereinstimmung zwischen
meiner Selbstwahrnehmung und meinem
persönlichen Wunschbild von mir selbst.

| 0 | 2 | 4 | 6 | 8 | 10 |

Ich bin respektvoll zu allen Menschen, gleich
welcher Hautfarbe, welchen Glaubens und
sozialen Ranges.

| 0 | 2 | 4 | 6 | 8 | 10 |

Mein Selbstwertgefühl ist so groß, dass ich andere Menschen wertschätze, aufwerte und auf Abwertungen verzichte.

0	2	4	6	8	10

Ich erinnere mich gezielt und bewusst an positive Ereignisse und Erfahrungen.

0	2	4	6	8	10

Ich trainiere die positive Wahrnehmung meiner Umgebung und anderer Menschen.

0	2	4	6	8	10

Ich habe positive Sätze und Formeln, mit denen ich meine Gedanken und mithin meine Emotionen steuere.

0	2	4	6	8	10

Ich visualisiere meine Ziele und stelle Kopf-Kinofilme her.

0	2	4	6	8	10

Ich bereite mich auf berufliche Termine, Meetings, Arbeitskreise und auf wichtige private Gespräche durch Visualisierungen vor.

0	2	4	6	8	10

Ich gestalte meine inneren Dialoge bewusst und positiv.

0	2	4	6	8	10

Meine Wortwahl und Sprache ist positiv.

0	2	4	6	8	10

Ich benutze beziehungsgestaltende Fragetechniken.

0	2	4	6	8	10

Ich gehe gelassen mit Kritik und Einwänden anderer Menschen um und „entkoppele" sie von meiner Person.

0	2	4	6	8	10

Ich verstehe die Äußerungen anderer Menschen als Wünsche und Bedürfnisse.

0	2	4	6	8	10

Ich achte bewusst auf meine Wirkung auf andere Menschen und trainiere meinen ersten Eindruck.

0	2	4	6	8	10

Ich überprüfe kritisch den ersten Eindruck, den ich von anderen habe – gegebenenfalls stelle ich mich darauf ein, anderen eine „zweite Chance" zu geben.

0	2	4	6	8	10

Ich verdeutliche mir meine Erfolge und erkenne den persönlichen Anteil, den ich daran habe.

0	2	4	6	8	10

Literatur

Ackermann, Andreas: *Easy zum Ziel. Wie man zum mentalen GewinnerIn wird.* München: Erd, 2000.

Adler, Alfred: *Praxis und Theorie der Individualpsychologie.* Frankfurt/M.: Fischer, 2000.

Adler, Alfred: *Der Sinn des Lebens.* Frankfurt/M.: Fischer, 2000.

Adler, Alfred: *Lebenskenntnis.* Frankfurt/M.: Fischer, 1989.

Altmann, Hans Christian: *Kunden kaufen nur von Siegern. Wie Sie als Verkäufer unwiderstehliche Ausstrahlungskraft erreichen, Kunden begeistern und Ihren Umsatz explodieren lassen.* Landsberg/Lech: mi, 5. Aufl., 2002.

Bachmann, Winfried: *Das Neue Lernen. Eine systematische Einführung in das Konzept des NLP.* Paderborn: Junfermann, 4. Aufl., 1999.

Bandler, Richard: *Veränderung des subjektiven Erlebens. Fortgeschrittene Methoden des NLP.* Paderborn: Junfermann, 6. Aufl., 2002.

Bandler, Richard; Grinder, John: *Metasprache und Psychotherapie. Die Struktur der Magie I.* Paderborn: Junfermann, 10. Aufl., 2001.

Bandler, Richard; Grinder, John: *Patterns. Muster der hypnotischen Techniken Milton H. Ericksons.* Paderborn: Junfermann, 2. Aufl., 2000.

Bandler, Richard; Grinder, John: *Reframing. Ein ökologischer Ansatz in der Psychotherapie (NLP).* Paderborn: Junfermann, 7. Aufl., 2001.

Berkel, Karl.: *Konflikttraining. Konflikte verstehen, analysieren, bewältigen.* Heidelberg: Sauer, 7. durchges. Aufl., 2002.

Besser-Siegmund, Cora: *Mentales Training. Das Praxisbuch. Stell Dir vor ... Gesundheit, Glück und Erfolg.* München: Südwest, 1998.

Birkenbihl, Vera F.; Fischer, Hans Peter; Langguth, Uli: *Das Birkenbihl-ALPHA-Buch. Neue Ein-SICHT-en gewinnen und im Leben umsetzen.* Landsberg am Lech: mvg, Neuaufl., 2002.

Birkenbihl, Vera F.: *Das „neue" Stroh im Kopf? Vom Gehirn-Besitzer zum Gehirn-Benutzer.* München, 38. Aufl., 2001.

Brockert, Siegfried: *Positive Psychologie. Gesund und glücklich durch Emotionale Fitness.* Stuttgart: Kreuz, 2001.

Cameron-Bandler, Leslie; Lebeau, Michael: *Die Intelligenz der Gefühle. Grundlagen der „Imperative Self Analysis" I.* Paderborn: Junfermann, 3. Aufl., 1997.

Carlson, Richard: *Werde glücklich, werde reich! Das Buch für alle, die mehr Freude und Wohlstand in ihr Leben bringen wollen.* München: Knaur, 1999.

Carlson, Richard: *Alles kein Problem! Das Buch für alle, die sich nicht so leicht verrückt machen lassen wollen.* München: Knaur, 1998.

Carlson, Richard; Bailey, Joseph: *Reg dich nicht auf! Das Buch für alle, die ausgeglichen und entspannt leben wollen.* München: Knaur, 1998.

Cerwinka, Gabriele; Schranz, Gabriele: *Die Macht des ersten Eindrucks. Souveränitätstips. Fettnäpfe. Small talks. Tabus.* Wien/Frankfurt: Ueberreuther, 1998.

Covey, Stephen R.: *Die sieben Wege zur Effektivität. Ein Konzept zur Meisterung Ihres beruflichen und privaten Lebens.* Frankfurt/M.: Campus, 11. vollständig überarb. Aufl., 2001.

Covey, Stephen R.: *So leben Sie „Die sieben Wege zur Effektivität". Das bewährte Covey-Erfolgskonzept in der Praxis.* Frankfurt/M.: Campus, 2000.

Crisand, Ekkehart; Crisand, Marcel: *Psychologie der Gesprächsführung.* Heidelberg: Sauer, 7. Aufl., 2000.

Crisand, Ekkehart: *Methodik der Konfliktlösung. Eine Handlungsanleitung mit Fallbeispielen.* Heidelberg: Sauer, 2. neubearb. Aufl., 1999.

Csikszentmihalyi, Mihaly: *Lebe gut! Wie Sie das Beste aus Ihrem Leben machen.* Stuttgart: München: dtv, 2001.

Csikszentmihalyi, Mihaly: *Flow. Das Geheimnis des Glücks.* Stuttgart: Klett-Cotta, 9. Aufl., 2001.

Csikszentmihalyi, Mihaly: *Dem Sinn des Lebens eine Zukunft geben. Eine Psychologie für das 3. Jahrtausend.* Stuttgart: Klett-Cotta, 2. Aufl., 2000.

Cube, Felix von: *Lust an Leistung. Die Naturgesetze der Führung.* München/Zürich: Piper, 6. erw. Aufl., 2000.

Cube, Felix von: *Fordern statt verwöhnen. Die Erkenntnisse der Verhaltensbiologie in Erziehung und Führung.* München/Zürich: Piper, aktualisierte Neuausgabe, 1999.

Diaz-Bone, Rainer; Schubert, Klaus: *William James zur Einführung.* Hamburg: Junius, 1996.

Dießner, Helmar: *Praxiskurs Selbst-Coaching. Mit allen Sinnen wahrnehmen. Übungen für den Alltag.* Paderborn: Junfermann, 1999.

Dilts, Robert: *Die Magie der Sprache. Sleight of Mouth. Angewandtes NLP.* Paderborn: Junfermann, 2001.

Dilts, Robert: *Die Veränderung von Glaubenssystemen. NLP Glaubensarbeit.* Paderborn: Junfermann, 3. Aufl., 2002.

Egli, René: *Das LOLA-Prinzip oder Die Vollkommenheit der Welt.* Oetwil a. d. L.: Editions d'Olt, 26. Aufl., 2002.

Egli, René; Egli, Francoise: *Illusion oder Realität? Die praktische Umsetzung des LOLA-Prinzips.* Oetwil: Editions d'Olt, 3. Aufl., 2001.

Enkelmann, Nikolaus B.: *Mentaltraining – Der Weg zur Freiheit.* Offenbach: GABAL, 2001.

Enkelmann, Nikolaus B.: *Das Power-Buch für mehr Erfolg. In fünf Jahren die Nummer 1.* Landsberg am Lech: mvg, 2001.

Field, Lynda: *Der Weg zu gutem Selbstwertgefühl. Eine Anleitung zu persönlichem Wachstum.* Paderborn: Junfermann, 1998.

Fisher, Roger; Ury, William; Patton, Bruce: *Das Harvard-Konzept: Sachgerecht verhandeln – erfolgreich verhandeln.* Frankfurt/M.: Campus, 21. Aufl., 2002.

Freemantle, David: *Was Kunden mögen. Wettbewerbsvorteile durch emotionale Qualität.* München: Econ, 1999.

Freud, Sigmund: *Abriss der Psychoanalyse. Einführende Darstellungen.* Frankfurt/M.: Fischer, 1994.

Gardner, Howard: *Intelligenzen. Die Vielfalt des menschlichen Geistes.* Stuttgart: Klett-Kotta, 2002.

Geffroy, Edgar K.: *Abschied vom Verkaufen. Wie Kunden endlich wieder von alleine den Weg zu Ihnen finden.* Frankfurt/M.: Campus, 7. Aufl., 1999.

Goleman, Daniel: *EQ 2. Der Erfolgsquotient.* München: dtv, 2000.

Goleman, Daniel: *Emotionale Intelligenz. EQ.* München/Wien: Hanser, 1998.

Goulding, Mary: *Kopfbewohner. oder: Wer bestimmt dein Denken?* Paderborn: Junfermann, 6. Aufl., 2001.

Grochowiak, Klaus: *Das NLP Master Handbuch. Erlernen Sie NLP auf Master-Niveau.* Paderborn: Junfermann, 2001.

Grochowiak, Klaus: *Das NLP Practitioner Handbuch. Skills & Fähigkeiten für NLP-Practitioner auf höchstem Niveau.* Paderborn: Junfermann, 2. Aufl., 2001.

Gross, Stefan F.: *Beziehungsintelligenz. Talent und Brillanz im Umgang mit Menschen.* Landsberg/Lech: mi, 1997.

Harris, Thomas A.: *Ich bin o.k. Du bist o. k. Wie wir uns selbst besser verstehen und unsere Einstellung zu anderen verändern können. Eine Einführung in die Transaktionsanalyse.* Reinbeck: Rowohlt, 1975.

Heintel, Peter: *Innehalten. Gegen die Beschleunigung – für eine andere Zeitkultur.* Freiburg: Herder, 3. Aufl., 2000.

Hennig, Gudrun; Pelz, Georg: *Transaktionsanalyse. Lehrbuch für Therapie und Beratung.* Paderborn: Junfermann, 2002.

Herzog, Dagmar: *Die Kraft der Emotionen. Mit Glücksgefühlen Stress abbauen. Ängste und Depressionen überwinden. Endlich wieder schlafen.* München: Gräfe und Unzer, 2001.

Hill, Napoleon: *Denke nach und werde reich. Die 13 Gesetze des Erfolgs.* Kreuzlingen: Ariston, 36. Aufl., 2001.

Hill, Napoleon; Stone, William Clement: *Erfolg durch positives Denken. Das Schlüsselbuch richtiger Einstellung und Motivation.* Kreuzlingen: Ariston, 20. Aufl., 2000.

Holler, Johannes: *Das Neue Gehirn. Möglichkeiten moderner Gehirnforschung. Unser Gehirn im Überblick.* Paderborn: Junfermann, 1997.

Hugo-Becker, Annegret; Becker, Henning: *Psychologisches Konfliktmanagement. Menschenkenntnis – Konfliktfähigkeit – Kooperation.* München: dtv, 3. überarb. u. erw. Aufl., 2000.

Hugo-Becker, Annegret; Becker, Henning: *Motivation. Neue Wege zum Erfolg.* München: dtv, 1997.

Hutchison, Michael: *Megabrain Power. Transformation & Bewußtseins-Technologien. Die Revolution der grauen Zellen.* Paderborn: Junfermann, 2. Aufl., 1999.

Isert, Bernd: *Die Kunst schöpferischer Kommunikation.* Paderborn: Junfermann, 1998.

James, Tad: *Time Coaching. Programmieren Sie Ihre Zukunft ... jetzt!* Paderborn: Junfermann, 3. Aufl., 2001.

Kälin, Karl; Müri, Peter: *Sich und andere führen. Psychologie für Führungskräfte, Mitarbeiterinnen und Mitarbeiter.* Thun: Ott, 12. Aufl., 2000.

Kälin, Karl; Michel-Adler, Elisabeth; Schmid-Keller, Silvia: *Sich selbst managen. Die eigene Entwicklung im beruflichen und privaten Umfeld gestalten.* Thun: Ott, 2. Aufl., 1999.

Kellner, Hedwig: *Konflikte verstehen, verhindern, lösen. Konfliktmanagement für Führungskräfte.* München/Wien: Hanser, 2000.

Kunz, Hannes: *Beziehungsmanagement – Kunden binden, nicht nur finden.* Zürich, 1996.

Küstenmacher, Werner Tiki; Seiwert, Lothar J.: *Simplify your life. Einfacher und glücklicher leben.* Fankfurt/M.: Campus, 3. Aufl., 2002.

Kotulak, Ronald: *Die Reise ins Innere des Gehirns. Den Geheimnissen des menschlichen Gehirns auf der Spur.* Paderborn: Junfermann, 1998.

Kraft, Peter B.: *NLP-Handbuch für Anwender. NLP aus der Praxis für die Praxis.* Paderborn: Junfermann, 2. Aufl., 2000.

Laborde, Genie Z.: *Mehr sehen. Mehr hören. Mehr fühlen. Praxiskurs Kommunikation. Erlernen Sie die Techniken professioneller Kommunikatoren.* Paderborn: Junfermann, 1997.

Langen, Dietrich: *Autogenes Training.* München: Gräfe und Unzer, 4. Aufl., 2001.

Lesch, Matthias; Förder, Gabriele: *Kinesiologie. Aus dem Streß in die Balance.* München: Gräfe und Unzer, 3. Aufl., 2001.

Lewicki, Roy J.; Hiam, Alexander; Olander, Karen Wise: *Verhandeln mit Strategie. Das große Handbuch der Verhandlungstechniken.* St. Gallen/Zürich: Midas Management, 1998.

Löhr, Jörg; Pramann, Ulrich: *Einfach mehr vom Leben. Anleitung für Glück und Erfolg.* München: Südwest, 2000.

Luther, Michael; Gründonner, Jutta: *Königsweg Kreativität. Powertraining für kreatives Denken.* Paderborn: Junfermann, 2001.

Luther, Michael; Knuth, Barbara (Mitarbeit): *Die Reise zu den inneren Schätzen. Handbuch für Streßmanagement und Entspannung. Ein Wohlfühl-Buch mit vielen Übungen, Spielen und Phantasiereisen.* Paderborn: Junfermann, 2000.

Luther, Michael; Maaß, Evelyne: *NLP Spiele-Spectrum. Basisarbeit. 310 Übungen, Spiele, Phantasiereisen.* Paderborn: Junfermann, 4. Aufl., 2001.

Maaß, Evelyne; Ritschl, Karsten: *Teamgeist. Spiele und Übungen für die Teamentwicklung.* Paderborn: Junfermann, 3. Aufl., 2001.

Maaß, Evelyne; Ritschl, Karsten: *Die Freiheit zu lieben. Übungen & Phantasiereisen für eine gelingende Partnerschaft.* Paderborn: Junfermann, 2000.

Maaß, Evelyne; Ritschl, Karsten: *Das Spiel der Intelligenzen. Das Übungs- und Spiele-Spectrum für: Kreativität, Flexibilität und spielerisches Lernen.* Paderborn: Junfermann, 1998.

Maaß, Evelyne; Ritschl, Karsten: *Coaching mit NLP. Erfolgreich coachen in Beruf und Alltag. Ein Übungsbuch.* Paderborn: Junfermann, 2. Aufl., 2001.

McKay, Matthew; Fanning, Patrick; Honeychurch, Carole: *Selbstwert – die beste Investition Ihres Lebens. So entwickeln Sie Selbstwertgefühl – Schritt für Schritt zu mehr Lebensqualität.* Paderborn: Junfermann, 2000.

Motamedi, Susanne: *Konfliktmanagement. Vom Konfliktvermeider zum Konfliktmanager. Grundlagen, Techniken, Lösungswege.* Offenbach: GABAL, 2. Aufl., 1999.

Mohl, Alexa: *Der Zauberlehrling. Das NLP Lern- und Übungsbuch.* Paderborn: Junfermann, 7. Aufl., 2001.

Mohl, Alexa.: *Die Wirklichkeit des NLP. Erkenntnistheoretische Grundlagen & ethische Schlussfolgerungen.* Paderborn: Junfermann, 2000.

Murphy, Joseph, Dr.: *Die Macht Ihres Unterbewußtseins. Das große Buch innerer und äußerer Entfaltung.* Kreuzlingen: Ariston, 64. überarb. Aufl., 2000.

O'Connor, Joseph; Seymour, John: *Neurolinguistisches Programmieren: Gelungene Kommunikation und persönliche Entfaltung.* Freiburg: VAK, 11. überarb. u. erw. Aufl., 2001.

Popper, Karl R.: *Alles Leben ist Problemlösen. Über Erkenntnis, Geschichte und Politik.* München: Piper, 1996.

Ritschl, Karsten: *Der Geist des NLP. NLP zum Kennenlernen.* Paderborn: Junfermann, 2001.

Robbins, Anthony: *Grenzenlose Energie. Das Power Prinzip. Wie Sie Ihre persönlichen Schwächen in positive Energie verwandeln.* München: Heyne, 1998.

Rosenberg, Marshall B.: *Gewaltfreie Kommunikation. Aufrichtig und einfühlsam miteinander sprechen. Neue Wege in der Mediation und im Umgang mit Konflikten.* Paderborn: Junfermann, 3. Aufl., 2002.

Rückerl, Thomas: *Sinnliche Intelligenz. Ein motivierendes Trainingsprogramm zur sinnlichen Optimierung.* Paderborn: Junfermann, 1999.

Sanders, Rudolf: *Zwei sind ihres Glückes Schmied. Ein Selbsthilfeprogramm für Paare.* Paderborn: Junfermann, 2001.

Sanders, Rudolf: *Partnerschule ... damit Beziehungen gelingen. Grundlagen – Handlungsmodelle – Bausteine – Übungen. Erprobte Wege in Eheberatung & Paartherapie.* Paderborn: Junfermann, 2000.

Satir, Virginia; Stachowiak, James; Taschman, Harvey A.: *Praxiskurs Familientherapie. Die Entwicklung individuellen Gewahrseins und die Veränderung von Familien.* Paderborn: Junfermann, 2000.

Satir, Virginia; Englander-Golden, Paula: *Sei direkt. Der Weg zur freien Entscheidungen.* Paderborn: Junfermann, 3. Aufl., 2002.

Schmidt, Gunther: *„Wahrgebungen" aus der „inneren" und „äußeren Welt" des Therapeuten und ihre Nutzung für zieldienliche therapeutische Kooperationen,* in: Familiendynamik, 25. Jg. (2000) 2, S. 177 – 205.

Schmidt, Rainer: *Immer richtig miteinander reden. Transaktionsanalyse in Beruf und Alltag.* Paderborn: Junfermann, 3. Aufl., 2002.

Shervington, Martin: *Denk nicht an Orangen mit lila Punkten. Das Handbuch für Ihr Gehirn, das Sie schon immer hätten haben sollen.* Paderborn: Junfermann, 2002.

Schultz, Johannes H.: *Das Original-Übungsheft für das Autogene Training. Anleitung vom Begründer der Selbstentspannung.* Stuttgart: Trias, 23. Aufl., 2000.

Schulz von Thun, Friedemann: *Miteinander reden 1. Störungen und Klärungen.* Reinbek: Rowohlt, 1981.

Schulz von Thun, Friedemann: *Miteinander reden 2. Stile, Werte und Persönlichkeitsentwicklung.* Reinbek: Rowohlt, 1989.

Schulz von Thun, Friedemann: *Miteinander reden 3. Das „Innere Team" und situationsgerechte Kommunikation.* Reinbek: Rowohlt, 1998.

Schulz von Thun, Friedemann; Ruppel, Johannes; Stratmann, Roswitha: *Miteinander reden: Kommunikationspsychologie für Führungskräfte.* Reinbek: Rowohlt, 2000.

Solomon, Robert C.: *Gefühle und der Sinn des Lebens.* Frankfurt/M.: Zweitausendeins, 3. Aufl., 2001.

Sprenger, Reinhard K.: *Die Entscheidung liegt bei Dir! Wege aus der alltäglichen Unzufriedenheit.* Frankfurt/M.: Campus, Neuaufl., 2000.

Sprenger, Reinhard K.: *Das Prinzip Selbstverantwortung. Wege zur Motivation.* Frankfurt/M.: Campus, 10. Aufl., 1999.

Staples, Walter Doyle: *Think like a Winner. Der Weg zu Spitzenleistungen.* Paderborn: Junfermann, 3. Aufl., 2001.

Steiner, Claude: *Wie man Lebenspläne verändert. Die Arbeit mit Skripts in der Transaktionsanalyse.* Paderborn: Junfermann, 10. Aufl., 2002.

Stöger, Gabriele; Stöger, Hans: *Es muss ja nicht gleich Liebe sein. Besser verkaufen mit Glaubwürdigkeit und Sympathie.* Zürich: Orell Füssli, 2000.

Stöger, Gabriele; Vogl, Mona: *Gewonnen wird im Kopf, gestolpert auch. Sieben Strategien gegen Selbstsabotage.* Zürich: Orell Füssli, 1999.

Thich Nhat Hanh: *Die Kunst des glücklichen Lebens.* Berlin: Theseus, 2001.

Thich Nhat Hanh: *Zeiten der Achtsamkeit.* Freiburg: Herder, 2001.

Tracy, Brian: *Das Gewinner-Prinzip. Wege zur persönlichen Spitzenleistung.* Wiesbaden: Gabler, 2. Aufl. Nachdr., 2000.

Watzlawick, Paul.: *Anleitung zum Unglücklichsein.* München/Zürich: Piper, Neuaufl., 2002.

Watzlawick, Paul (Hrsg.): *Die erfundene Wirklichkeit. Wie wissen wir, was wir zu wissen glauben? Beiträge zum Konstruktivismus.* München/Zürich: Piper, Neuaufl., 2002.

Watzlawick, Paul.: *Wie wirklich ist die Wirklichkeit? Wahn, Täuschung, Verstehen.* München/Zürich: Piper, 26. Aufl., 2000.

Weiß, Josef; Kirchner, Isolde: *Selbst-Coaching. Persönliche Power und Kompetenz gewinnen.* Paderborn: Junfermann, 5. Aufl., 1996.

Wise, Anna: *Power Mind-Training. Ein Praxiskurs für Kreativität, Gesundheit & Erfolg. Ein Hirnwellentrainingsprogramm.* Paderborn: Junfermann, 1998.

Wyss, Dieter: *Die tiefenpsychologischen Schulen von den Anfängen bis zur Gegenwart. Entwicklung, Probleme, Krisen.* Göttingen: Vandenhoeck und Ruprecht, 6. erg. Aufl., 1991.

Übungsverzeichnis

Personen- und Stichwortverzeichnis

Gewaltfreie Kommunikation

MARSHALL B. ROSENBERG

GEWALTFREIE KOMMUNIKATION
€ (D) 19,50
240 S. • kart. • ISBN 3-87387-454-7

Das Buch

Wie kann man sich auch in Konfliktsituationen so verhalten, daß man seinen Mitmenschen respektvoll begegnen und gleichzeitig die eigene Meinung vertreten kann – ohne Abwehr und Feindseligkeit zu erwecken? Mit der Gewaltfreien Kommunikation! Die Methode setzt darauf, eine Konfliktsituation zu beobachten, Gefühle auszusprechen, Bedürfnisse aufzudecken, und dann den anderen zu bitten, sein Verhalten zu überdenken. Ehrlichkeit, Empathie, Respekt und Zuhören-Können stehen dabei im Vordergrund. Mit Hilfe von Geschichten und beispielhaften Gesprächen zeigt M. Rosenberg alltägliche Lösungen für Kommunikationsprobleme.

Der Autor

Dr. Marshall B. Rosenberg ist international bekannt als Konfliktmediator und Gründer des internationalen Center for Nonviolent Communication in den USA. Er lehrt in Europa und den USA und reist regelmäßig in Krisengebiete, wo er Ausbildungen und Konfliktmediationen anbietet.

Mehr über uns und unsere Bücher erfahren Sie unter: **www.junfermann.de**

www.junfermann.de
www.active-books.de
www.multimind.de

JUNFERMANN
Postfach 1840 • D-33048 Paderborn
Tel.: 05251-13 44 -0 • Fax: -44
eMail: infoteam@junfermann.de

Mit Fairneß zum Ziel

S TÉPHANE E TRILLARD

S PITZENGESPRÄCHE
€ (D) 19,90
192 S. • kart. • ISBN 3-87387-540-3

Das Buch

Sobald wir uns in Gegenwart anderer Menschen befinden, kommunizieren wir, ob wir dabei etwas sagen oder nicht. Die Körpersprache, die Haltung, die Mimik — all das sagt oft mehr als tausend Worte. Und manchmal ist das, was wir ausstrahlen wollen, leider etwas völlig anderes als das was beim Gegenüber ankommt. Wie kommt das und wie kann man das ändern? Wie Sie auf allen Ebenen der Kommunikation fair bleiben und gemeinsam Spitzengespräche führen, erfahren Sie bei der Lektüre dieses praxisbezogenen Buches. Es werden Methoden zum Erwerb aller wichtigen rhetorischen und dialektischen Fähigkeiten gezeigt. Übungen und Hintergründe regen zum Mitmachen und Weiterlesen an.

Der Autor

Stéphane Etrillard zählt zu den innovativsten Vertriebstrainern der neuen Generation. Neben einem fundierten rhetorischen und dialektischen Wissen verfügt er über eine große praktische Erfahrung im Verkauf und im Marketing. Seine Seminare führt der gebürtige Franzose in verschiedensten Ländern durch.

Mehr über uns und unsere Bücher erfahren Sie unter: **www.junfermann.de**

www.junfermann.de
www.active-books.de
www.multimind.de

JUNFERMANN
Postfach 1840 • D-33048 Paderborn
Tel.: 05251-13 44 -0 • Fax: -44
eMail: infoteam@junfermann.de